CHRISTINE STRUBE

DIE «TOTEN STÄDTE»

STADT UND LAND IN NORDSYRIEN WÄHREND DER SPÄTANTIKE

SONDERHEFTE DER ANTIKEN WELT

Zaberns Bildbände zur Archäologie

VERLAG PHILIPP VON ZABERN · GEGRÜNDET 1785 · MAINZ

CHRISTINE STRUBE

Die «Toten Städte»

STADT UND LAND IN NORDSYRIEN
WÄHREND DER SPÄTANTIKE

VERLAG PHILIPP VON ZABERN · MAINZ AM RHEIN

IV, 91 Seiten mit 62 Farb- und 107 Schwarzweißabbildungen

Die Deutsche Bibliothek – CIP-Einheitsaufnahme

Die «**Toten Städte**» : Stadt und Land in Nordsyrien während der Spätantike / Christine Strube. – Mainz am Rhein : von Zabern, 1996
(Zaberns Bildbände zur Archäologie)
ISBN 3-8053-1840-5
NE: Strube, Christine

ISBN 3-8053-1840-5
ISBN 3-8053-1843-X (Sonderhefte der Antiken Welt)
Satz: Verlag Philipp von Zabern, Mainz, und Lasertechnik Weiß, Alzey
Lithos: MWP GmbH, Wiesbaden

Printed in Germany by Philipp von Zabern
Printed on fade resistant and archival quality paper (PH 7 neutral)

Inhalt

Umschlag
Vorne: Ländliche Idylle am Grabbau in Dānā
Hinten: Stehender Akanthus und Ranke, Detail des Frieses an der Westtür der Gemeindekirche des 5. Jhs. in el-Bāra
Vorsatz: vorne: Qal'at Sim'ān, kreuzförmige Anlage, Fassade der südlichen Vorhalle
hinten: Sommerlandschaft des Ruinenfeldes von Dar Qitā

Zur Einführung

Der einzigartige Erhaltungszustand der Bauten im nordsyrischen Kalksteinmassiv vermittelt einen ähnlich lebendigen Eindruck von den Wohn- und Siedlungsformen spätantik-frühbyzantinischer Zeit wie Pompeji für die frühe Kaiserzeit.

Es fehlen im Inneren der Bauten prachtvolle Wandmalereien, und erst wenige der dortigen Fußbodenmosaiken sind bekanntgeworden. Aber wir haben es mit einer Architektur zu tun, die in der technischen Perfektion ihres Quadermauerwerks und dem Formenreichtum ihrer Kapitelle, Türen und Fenster ein außerordentlich eindrucksvolles Kapitel antiker Baugeschichte bezeugt.

Dabei wird Besuchern dieser Orte selten bewußt, daß es sich um Dörfer handelt, deren Bauten in der Regel von lokalen Steinmetzen unter der Leitung lokaler Architekten errichtet wurden.

Früh kam die Frage auf, worauf der sichtliche Wohlstand der Einwohner dieser Ortschaften gründete und unter welchen Voraussetzungen sich der hohe Standard ihrer Architektur entwickelt hat.

Im folgenden stehen zwei Themenbereiche im Vordergrund: Einerseits die wirtschaftlich-geographische Situation des Bergmassivs im Einflußbereich der großen nordsyrischen Städte, andererseits die Rekonstruktion des Werkstattbetriebs, so wie er sich im Laufe der Jahrhunderte und im Kontakt zu diesen Städten herausbildete.

Es ist das Ziel der folgenden Darstellungen, mit den Ergebnissen der internationalen Forschung einen Einblick in das Gesamtbild dieser Region für die Zeit vom 1. bis zum 7. Jh. n. Chr. zu geben.

Der intensive Straßenbau in den vergangenen zwei Jahrzehnten führt heute Touristen in kurzer Zeit zu allen Regionen des Bergmassivs und in antike Orte, die jahrhundertelang nur schwer erreichbar waren. Die negative Folge dieser Entwicklung ist bereits in zahlreichen Orten zu beobachten: Der Abtransport antiker Bauelemente in den Antikenhandel – bevorzugt von Kapitellen und Türstürzen – wurde durch die neu angelegten Straßen erheblich erleichtert.

So bleibt nur die Hoffnung, daß das gesteigerte Interesse einer breiten internationalen Öffentlichkeit dazu beitragen wird, die Anstrengungen der Generaldirektion Syrischer Altertümer zu unterstützen, diese einmalige Kulturlandschaft zu erhalten.

Das nordsyrische Kalksteinmassiv

Eine Kulturlandschaft des 1.–7. Jhs. mit vorzüglich erhaltenem Denkmälerbestand

Wenn heutige Reisende von der Türkei aus nach Syrien kommen, durchqueren sie schon vor der türkisch-syrischen Grenzstation Bab el-Hawa das nordsyrische Kalksteinmassiv (Abb. 1, 6, 7). Sie befinden sich auf der Straße, die in antiker Zeit von Antiochia (Antakya) zu den nordsyrischen Städten Beröa (Aleppo) und Chalkis führte. Kurz vor und kurz nach der Grenze fahren sie an zwei gut erhaltenen Klosteranlagen, Qaṣr el Banāt (Abb. 40) und Breiğ (Abb. 2), vorbei und erreichen sodann die Ebene von Dānā. Die Klosterbauten und die antiken Orte, die beiderseits der Straße auf den Berghöhen liegen (Abb. 3), bilden einen Ausschnitt aus ca. 120 Siedlungen spätantik-frühbyzantinischer Zeit, deren teilweise hervorragender Erhaltungszustand in keiner Region des Mittelmeerraumes eine Parallele findet: Häuser, Gräber, Kirchen und Klöster – alle aus dem lokalen Kalkstein in reinem Quadermauerwerk, und das heißt ohne Verwendung von Mörtel errichtet, blieben oft so gut erhalten (Abb. 4, 5), daß der Rundgang durch eine dieser Ruinenstätten zu einem unmittelbaren Erlebnis wird.

In Reiseführern und Publikationen werden diese Orte des öfteren als «Tote Städte» vorgestellt – eine Charakterisierung, die von J. Mattern in seinem Bericht über eine Reise in die «Villes Mortes» im Jahr 1944 eingeführt wurde. Bei den ehemals etwa 700 Siedlungen, die in einem Zeitraum von 600 Jahren heranwuchsen, handelte es sich jedoch nicht um Städte, sondern um kleinere und größere Ortschaften, von denen nur drei quasi-städtischen Charakter entwickelten.

Eine Fülle von Inschriften datiert die ältesten Bauten dieser Orte in das 1. Jh. n. Chr. und die letzten – von wenigen Denkmälern späterer Zeit einmal abgesehen – in die Jahre unmittelbar vor der Eroberung Syriens durch die Araber. Die meisten dieser Inschriften wurden in Griechisch abgefaßt, ein Teil von ihnen aber auch in Altsyrisch, der damals hier herrschenden semitischen Lokalsprache. Voraussetzung für die kontinuierliche Siedlungsgeschichte waren die langen Friedensphasen römischer wie frühbyzantinischer Zeit (1.–3. und 4.–7. Jh. n. Chr.). Die arabische Eroberung Syriens im 7. Jh. führte nicht zur Zerstörung der Orte. Die meisten von ihnen wurden im Laufe des 8. Jhs. verlassen, in einem langen, über mehrere Generationen sich hinziehenden Exodus. Die Faszination, die die Ruinenstätten dieses Bergmassivs seit ihrem Bekanntwerden im 18. Jh. ausüben, beruht nicht nur auf ihrer guten Erhaltung, sondern auch auf dem hohen Standard der Profan- wie Sakralarchitektur, der häufig mit der Größe oder dem Gesamtbild der Siedlungen kontrastiert: Es gibt Dörfer mit weniger als 50 Häusern, die neben einer

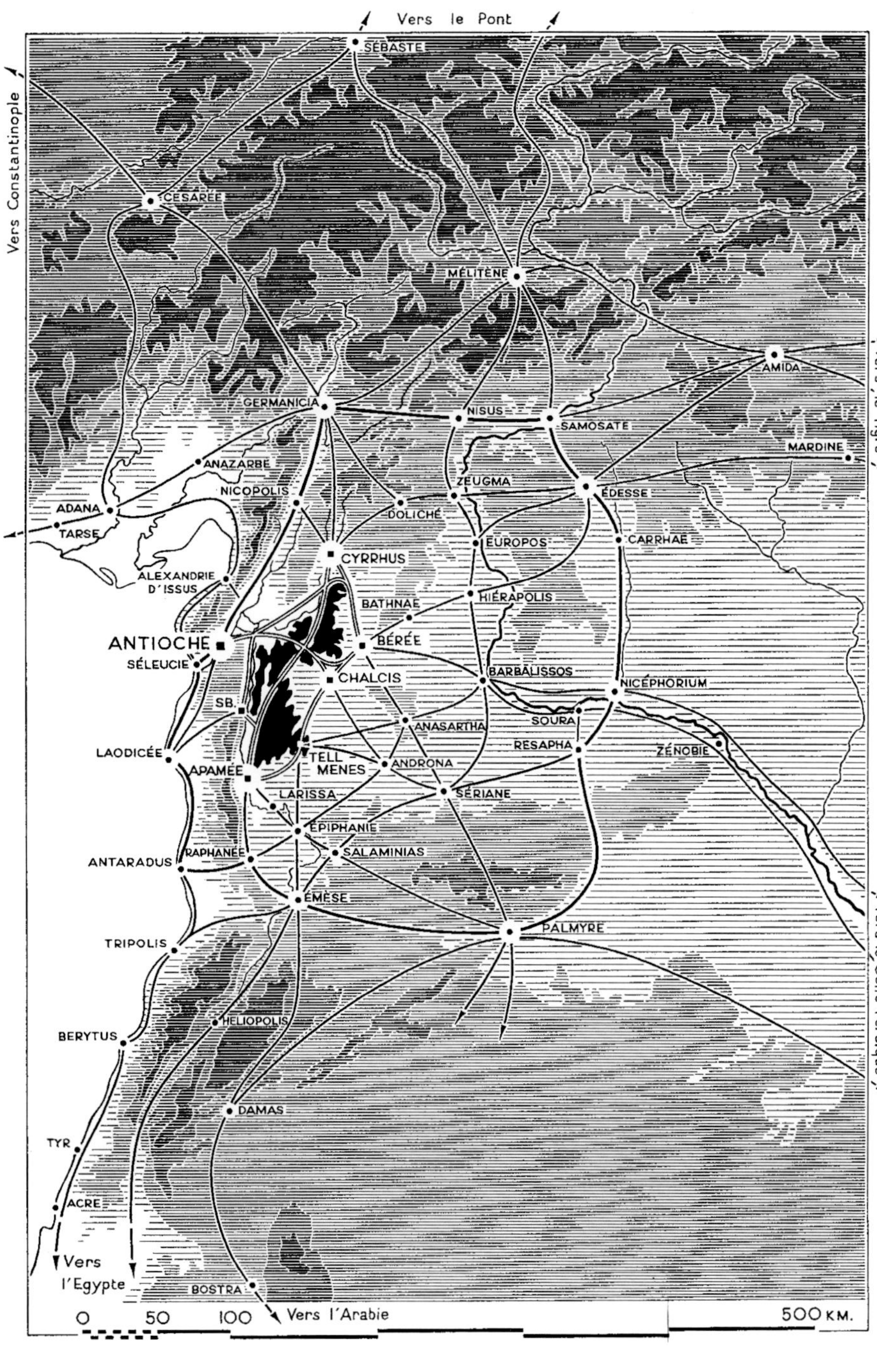

Abb. 1 Karte von Syrien, das Kalksteinmassiv schwarz eingezeichnet.

Gemeindekirche in ihrem Zentrum noch zwei große Kirchen- bzw. Klosteranlagen in ihrer Peripherie aufweisen (Abb. 3, 26).

Wer in unserer Zeit das berühmte Pilgerzentrum von Qal'at Sim'ān (Abb. 112–122) besucht, sollte sich die Zeit nehmen und zu Fuß in einen der Nachbarorte, nach Taqle oder Refāde, gehen. Das Gesamtbild ihrer Bauten ist so grundverschieden von dem überwältigenden Reichtum des Wallfahrtszentrums und des Pilgerortes Deir Sim'ān (Abb. 25, 41) zu seinen Füßen, daß es einen Eindruck von der enormen Spannweite der im Kalksteinmassiv erhaltenen Siedlungen vermittelt.

Im folgenden werden die Grundformen der in allen Siedlungen anzutreffenden Profan- und Sakralarchitektur vorgestellt und mit ihnen Ergebnisse und Fragen der Siedlungsgeschichte veranschaulicht. Darüber hinaus wird das Phänomen der erstaunlichen Gegensätze zwischen gleichzeitig entstandenen Bauten beleuchtet. Im Vordergrund steht immer die Frage, worauf der nachweisbare Wohlstand der Orte basierte und wie sich das dort Erhaltene zu den Städten verhält, in deren unmittelbarem Einflußbereich das Kalksteinmassiv liegt.

2

3

Die geographische Situation

Das nordsyrische Kalksteinmassiv verläuft parallel zur Mittelmeerküste und innerhalb Syriens in Nord-Süd-Richtung (Abb.1). Es wird im Norden vom Kurd Dağ und der Ebene des Afrin, im Westen von der Ebene des Orontes begrenzt, während es im Osten sanft abfallend in das große Plateau im Inneren Syriens übergeht. Mit einer Nord-Süd-Länge von ca. 140 km und einer Ost-West-Länge von 40–50 km erreicht es Höhen von durchschnittlich 400–500 m. Nur einige Gipfel überschreiten die Höhe von 800 m (Abb. 6, 7).

Das Bergmassiv bildet keinen geschlossenen Block, sondern eine Folge von Bergketten, durchbrochen von Binnenebenen (Abb. 7). Auf die großen nördlichen Berghöhen, den Ğebel Sim'ān und Ğebel Ḥalaqa, folgen drei zentrale Bergzüge, der Ğebel Bārīšā im Osten, der Ğebel il A'la in der Mitte und der Ğebel Dueili-Wastāni im Westen. Im Süden schließt der Ğebel Zāwiye oder Riḥa an. Er erreicht mit 939 m die größte Höhe des Bergmassivs.

Die ausgedehnten felsigen Flächen prägen zweifellos das Gesamtbild des Bergmassivs, doch gibt es auch zahlreiche größere und kleinere Flächen für den landwirtschaftlichen Anbau mit der charakteristischen, von dem aufgelösten Kalkstein rot gefärbten Erde (Abb. 8). Wir finden diese *terra rossa* nicht nur in den großen Binnenebenen, sondern in zahllosen größeren und kleineren Vertiefungen, Furchen und Spalten des Felsgesteins. Es ist diese Verbindung von roter Erde und graublauem Kalkstein, die die Landschaft des Bergmassivs charakterisiert. Nur im Frühjahr überzieht sie ein grüner Teppich aus Gras und wilden Blumen (Abb. 9).

Abb. 2 Breiğ, Klosteranlage mit Blick auf das landwirtschaftliche Territorium, das in der Antike sehr wahrscheinlich dem Kloster zugeordnet war.

Abb. 3 Dar Qitā, Ortsansicht von Bāqirḥā aus. Zu ergänzen sind die Ölbaumhaine, die ursprünglich in der unmittelbaren Umgebung des Ortes lagen.

Abb. 4 Deir Sambul, Ortsansicht. Im Vordergrund die Häuser und der Friedhof des heutigen Ortes.

4

Hauptcharakteristikum dieser Berggegend ist der vollkommene Mangel an Wasser: keine Flüsse oder Bäche, doch ausgiebige Regenfälle, die direkt vom Boden aufgenommen werden. Es gibt nur wenige Brunnen in den größeren Ebenen, die die unterirdischen Rinnsale auffangen. Die Bewohner der Bergketten speicherten das Wasser während der Regenfälle in Zisternen. Es war der Wassermangel, der das ländliche Leben prägte und der Kultivierung Grenzen setzte. Ältere Theorien, das Bergmassiv sei in antiker Zeit reich bewaldet gewesen und habe wesentlich bessere Lebensbedingungen geboten als in heutiger Zeit, haben in neueren Untersuchungen keine Bestätigung gefunden. Einiges spricht jedoch dafür, daß sich das Verhältnis zwischen nacktem Felsen und kultivierbarem Land nach dem 7. Jh. durch Erosion veränderte, doch war die Situation in antiker Zeit nicht grundlegend anders als heute.

Um so erstaunlicher ist die große Anzahl von Siedlungen, die das Bergmassiv im Laufe der Jahrhunderte aufnehmen konnte, und um so mehr überrascht der offensichtliche Wohlstand seiner Bewohner, von dem die Bauten zeugen. Fragen wir nach der Lage des Kalksteinmassivs innerhalb Syriens, so ist an erster Stelle die unmittelbare Nähe zu den großen nord- und mittelsyrischen Städten zu nennen (Abb. 1): Antiochia, Beröa (Aleppo), Chalkis, Apamea, Epiphania (Homs) und Emesa (Hama). Mit ihnen ist das Bergmassiv durch eine Fülle von Pisten und einige Straßen römischer Zeit verbunden, deren Steinpflasterung streckenweise erhalten blieb. Zu ihnen gehört die schon genannte Strasse von Antiochia nach Chalkis und die von Funduq nach Harim.

Verwaltungsmäßig waren die zentralen und nördlichen Regionen des Kalksteinmassivs in antiker Zeit Antiochia zugeordnet, die südliche Region jedoch, von wenigen Orten abgesehen, Apamea. Wenn im folgenden häufig von Antiochene bzw. Apamene die Rede ist, so sind damit diese großen Verwaltungseinheiten gemeint.

5

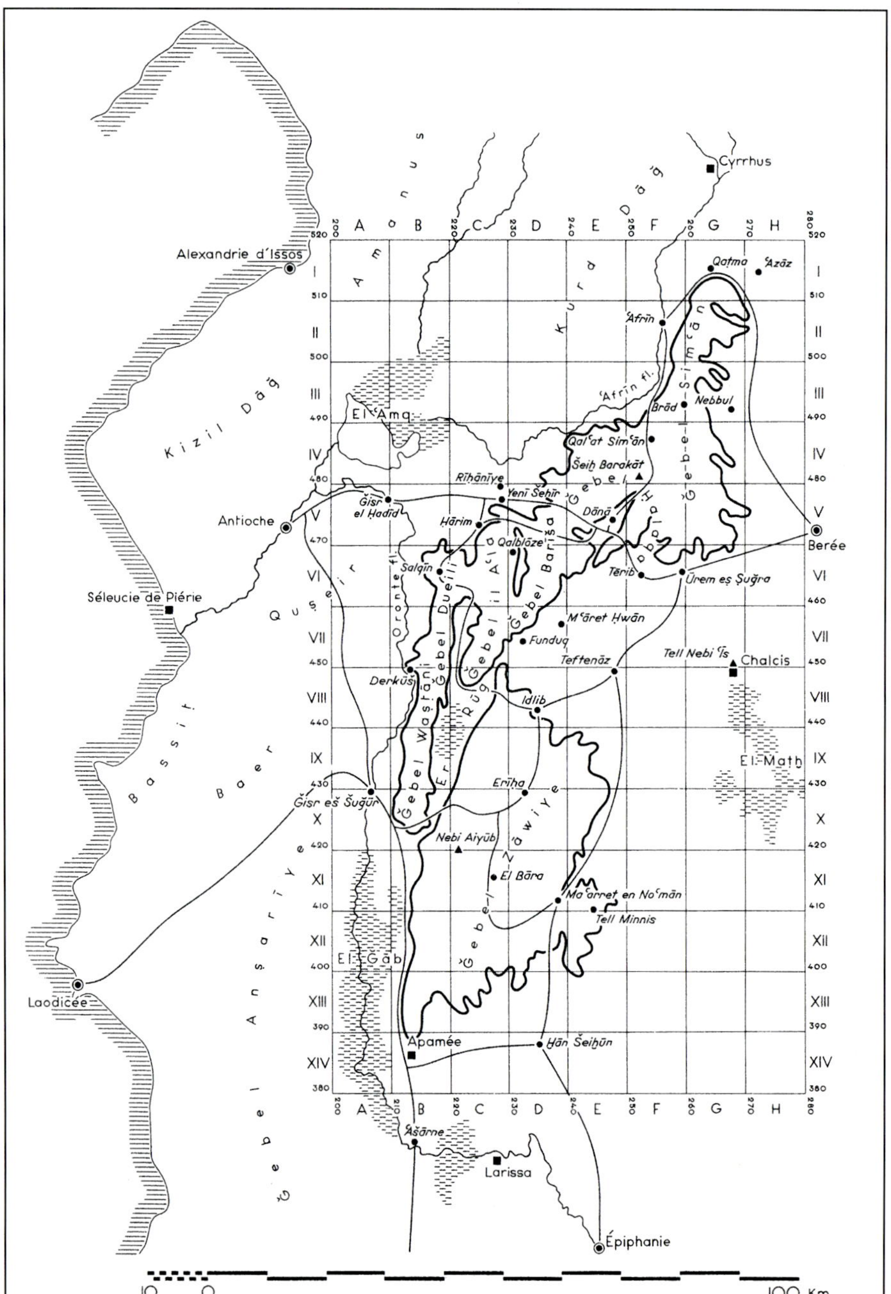

6

Archäologie und Geographie: Zeugnisse der Landwirtschaft im Altertum

Hunderte von Ölpressen, die in der näheren Umgebung wie auch innerhalb der meisten Orte erhalten blieben (Abb. 31–33), geben erste Auskunft über die Landwirtschaft. Die Voraussetzungen für die Ölbaumkultur waren aus geographischen wie klimatischen Bedingungen ideal: regenreiche und nicht zu kalte Winter, trockene und heiße Sommer. Die Kultur des Ölbaums stellt Anforderungen, die man sich vergegenwärtigen muß: er trägt erst nach 12–15 Jahren; seine Pflege beansprucht etwa vier Wintermonate, aber nur wenige Arbeitskräfte; die Ernte und die unmittelbar daran anschließende Verarbeitung der Oliven fallen in den Oktober, erstrecken sich bis in den November hinein, sind arbeitsaufwendig und fordern eine größere Zahl von Arbeitskräften.

Die Tatsache, daß es einiger finanzieller Mittel bedarf, um die Jahre abzuwarten, bis ein Ölbaum trägt, wirft einige Fragen auf: Von welcher gesellschaftlichen Gruppe ging die Kultivierung des Bergmassivs aus? Lassen sich neben der Ölbaumkultur andere landwirtschaftliche Formen fassen, die den täglichen Bedarf der Bevölkerung sicherten und es eventuell auch einer weniger vermögenden Schicht ermöglichten, die lange Wartezeit bis zur Rentabilität der Ölbäume zu überbrücken? Wurde Olivenöl nur für den eigenen Bedarf produziert, oder gibt es Anhaltspunkte für eine industrielle Produktion, und das heißt, für Export und kommerzielle Nutzung?

Diese Fragen beschäftigen die Wissenschaft seit langem und haben zu unterschiedlichen Antworten geführt. Da die Fragestellungen und Antworten immer in der Aufnahme und Interpretation der archäologischen Befunde ihren Schwerpunkt hatten und auch in Zukunft haben werden, werde ich im folgenden mehrfach auf sie zurückkommen. Eine erste Einführung in die Problemlage sei jedoch schon hier gegeben:

Abb. 5 Serğible, Klosteranlage mit einschiffiger Kirche südwestlich des Ortes, die südliche Säulenvorhalle der Kirche ist teilweise in situ.

Abb. 6 Karte mit den einzelnen Regionen des Bergmassivs.

Abb. 7 Karte des Ğebel Bārīšā und il A'la, den zentralen Regionen der Antiochene.

Der Anbau von Wein und Getreide, neben der Ölbaumkultur, ist vor allem in der südlichen Region, dem Ǧebel Zāwiye, gut greifbar (Abb. 77), kann jedoch in einzelnen Fällen auch für die mittleren und nördlichen Regionen rekonstruiert werden.

Neben der überragenden Bedeutung der Ölbaumkultur sind das Vorkommen von Getreide in den Ebenen und in den Randzonen einzelner Bergketten wie auch Gemüseanbau nicht zu bezweifeln und vereinzelt in Inschriften belegt. Ihren Umfang, und das heißt vor allem ihr Verhältnis zu den Ölbaumhainen in den einzelnen Orten des Bergmassivs zu bestimmen ist schwierig, doch wichtig für die Rekonstruktion der sozialen und wirtschaftlichen Verhältnisse. Neben den zahlreichen Ölpressen geben, wie jüngere Untersuchungen gezeigt haben, die in Häusern häufig erhalten gebliebenen Viehtröge die wichtige Information, daß in vielen Höfen nicht nur Pferde, sondern auch Kühe und Schafe gehalten wurden. Die Viehhaltung war höchstwahrscheinlich nicht in allen Regionen gleich intensiv, und auch hier ist die Hauptfrage: Wie war die Relation zwischen Ölbaumkultur und Viehhaltung bei den Orten der einzelnen Regionen, und das heißt auch, wieviel Terrain stand neben den Baumkulturen und dem Getreideanbau der Anpflanzung von Viehfutter zur Verfügung?

Der folgende Überblick über die Forschungen von fast hundert Jahren wird zeigen, in welchem Maße bisherige Materialaufnahmen die Basis für weiterführende historische Fragestellungen geschaffen haben.

Publikationen und Forschungsstand

Die Bauten des Kalksteinmassivs wurden in Europa bekannt und berühmt durch die Publikation des Melchior de Vogüé mit den glänzenden Zeichnungen seines Architekten E. Duthoit (1765–1877). So gibt es zum Beispiel kaum ein Handbuch der Architektur oder einen Reisebericht der folgenden Jahrzehnte, die nicht die Kirche des 6. Jhs. von Turmanin (Abb. 13) als frühes Beispiel für eine auch in Zentraleuropa bekannte Bauform, die Zweiturmfassade, abbilden.

Die erste großangelegte Materialaufnahme begann Ende des 19. Jhs. mit den Expeditionen der Princeton University unter Leitung von Howard Crosby Butler. Sie führte zu einer Reihe von Publikationen, die nicht nur eine Fülle von Inschriften und geographischen Plänen, sondern auch einen umfassenden Survey zur Profan- und Sakralarchitektur des Bergmassivs vorlegten.

Die nächste große Etappe in der Erforschung des Bergmassivs folgte 1935, als der russische Architekt George Tchalenko die Restauration des Pilgerzentrums Qal'at Sim'ān übernahm und über viele Jahre hin in dieser Region arbeitete. In einer beispielhaften Publikation rekonstruierte er 1953 auf der Basis zahlreicher Aufnahmen die geographischen und wirtschaftlichen Grundlagen des Bergmassivs, stellte die einzelnen Bautypen vor und diskutierte die Entwicklung einzelner Orte. In einer zweiten großen Arbeit nahm er zahlreiche Kirchen mit einer besonderen liturgischen Einrichtung, dem syrischen *Bema,* auf und legte 1979/1990 die bisher umfangreichste Veröffentlichung zu Kirchenarchitektur und liturgischer Einrichtung vor. Eine Zeitlang arbeitete mit ihm zusammen Jean Lassus, der in einer 1947 erschienenen Arbeit der Entstehung der Kirchenbauten und ihrer Funktion im Rahmen der Überlieferung nicht nur Nord-, sondern auch Mittel- und Südsyriens nachging. Einige Jahre vor seinem Buch erschien ein ausführlicher Reisebericht über die «Villes mortes» von Joseph Mattern (1944), der einige wichtige, in der amerikanischen Publikationsreihe nicht enthaltene Bauten bekanntmachte. Mit den Arbeiten jüngerer Zeit haben die detaillierteren Untersuchungen zu einzelnen Orten, Bauten und Denkmälergruppen begonnen. Hier sind vor allem zu nennen: Die erste weitgehende Freile-

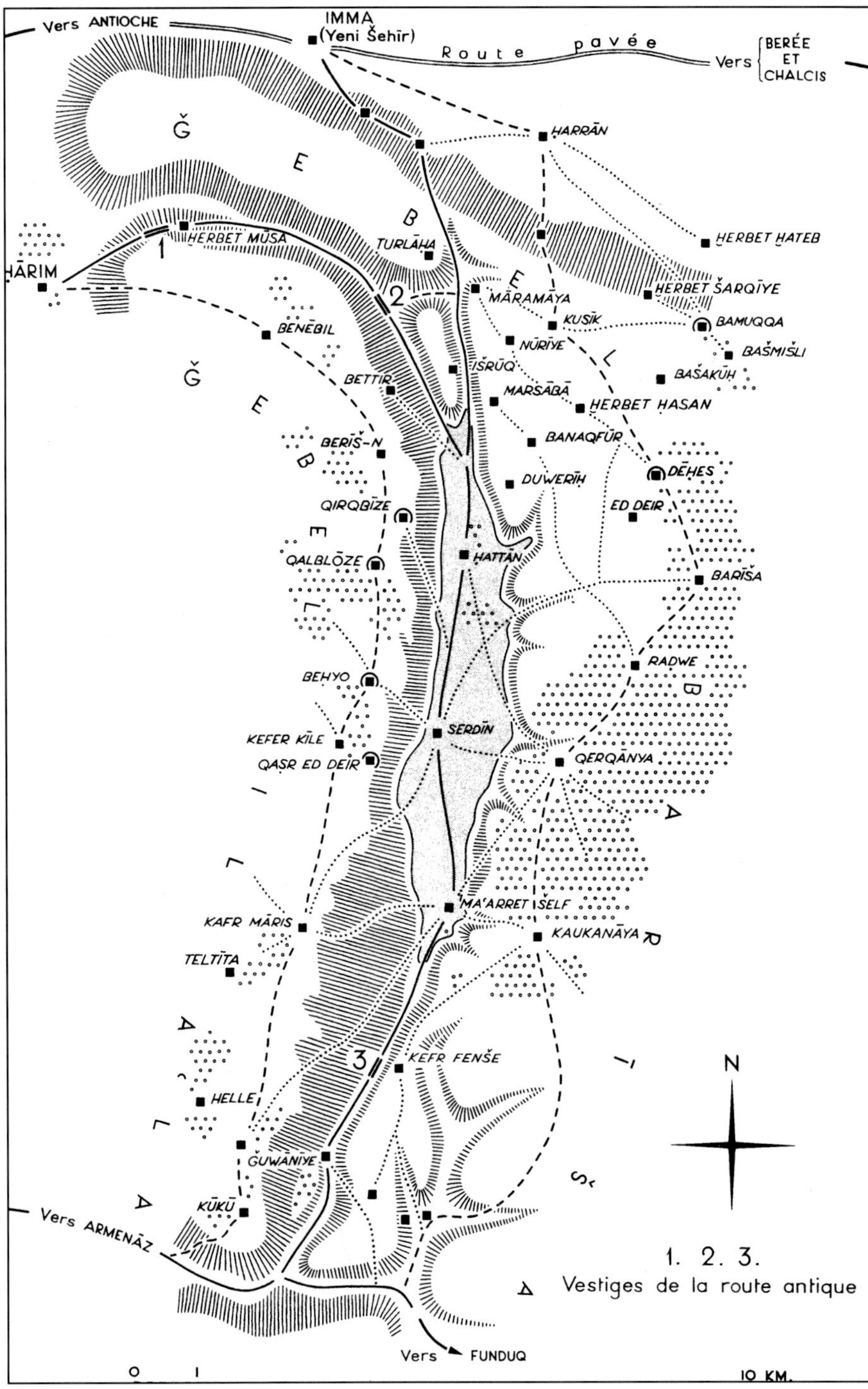

7

gung und Erforschung eines Ortes – Dēhes im Ğebel Bārīšā — durch eine Gruppe französischer Forscher unter Leitung von Jean Pierre Sodini, George Tate, Bernard und Swantje Bavant, Jean Luc Biscop und Dominique Orssaud (1976–78), die Arbeiten zur Hausarchitektur durch Sodini und Tate (1984), die Aufnahme des Kirchenkomplexes von Ḥūarte durch Marie Therèse und Pierre Canivet (1987), die Untersuchungen zur demographischen und wirtschaftlichen Entwicklung, ausgehend vom Befund der Hausarchitektur in 45 Siedlungen, durch Tate (1993) sowie die Arbeiten zur Architektur und zur Baudekoration, d. h. zum Werkstattsbetrieb im Kalksteinmassiv durch die Autorin (1977–1993).

Die Bearbeitung des umfangreichen Denkmälerkomplexes der Grabbauten steht noch aus, und zu den zahlreichen Klöstern und Stylitenheiligtümern ist noch keine Einzeluntersuchung erschienen. Die detaillierten Forschungsarbeiten gehen also langsam, zu langsam voran, und der Grund dafür ist nicht nur die kleine Zahl der über die frühbyzantinische Zeit arbeitenden Forscher, sondern auch die durch den besonders guten Erhaltungszustand bedingte Arbeitssituation im Bergmassiv: Im Inneren eines Baus liegen in der Regel Berge von Quadern eingestürzter oberer Bauteile, und folglich kommen zu der Ausgrabung tiefer liegender Bauschichten zeitraubende und kostspielige Freiräumungsarbeiten. Die Aufnahme oberer Fundschichten ist ein Wettlauf mit der Zeit, denn seit Jahrzehnten sind Kapitelle, Türen und Fußbodenmosaiken vom Antikenhandel begehrte Objekte. Mit dem beschleunigten Wachstum der modernen Orte hat sich zudem die Wiederverwendung antiker Quader im neuzeitlichen Hausbau gesteigert.

8

***Abb. 8** Kfeir, Ortsansicht mit der einschiffigen Kirche und einem Ölbaumhain im Vordergund. Die Kirche des späten 5. Jhs. ahmt mit einer der Apsis vorgelagerten Pfeilerstellung ein Hauptelement der Bauten von Qalblōze und Qal'at Sim'ān nach: Die doppelte, den Apsiden vorgelagerte Säulenstellung.*

***Abb. 9** Bānaqfūr, Ortsansicht im Frühjahr.*

9

Grundtypen der Sakral- und Profanarchitektur

Private und öffentliche Bauten

Das private Wohn- und Wirtschaftshaus

Von grundlegender Bedeutung für das Verständnis nicht nur der privaten und öffentlichen Bauten, sondern – wie wir sehen werden – auch für Einzelzüge der ältesten Kirchen, sind die Hausbauten. Es handelt sich in der Regel nicht um Einzelhäuser, sondern um Wohn-/Wirtschaftskomplexe mit Haupt- und Nebenbauten (Abb. 10–12, 14, 92): Das zweigeschossige Wohn-/Wirtschaftshaus öffnet sich auf einen Hof, den eine hohe Umfassungsmauer umgibt. An letztere schließen häufig innen Nebenbauten an. Der Hauptbau des Gesamtkomplexes ist bemerkenswert einfach: rechteckig im Grundriß, aus klimatischen Gründen in Ost-West-Richtung angelegt, in der Regel doppelgeschossig und mit einer Eingangshalle vor der Südseite (Abb. 10, 14, 23). Über die Nutzung der Räume in den beiden Geschossen, die in Längsrichtung aneinandergereiht sind und keine Innenaufteilung besitzen, wissen wir, daß im Obergeschoß die Wohn-, im Untergeschoß dagegen die Wirtschaftsräume lagen. Da das Erdgeschoß häufig überhaupt nicht oder nur schwach beleuchtet war und sich des öfteren dort Viehtröge vorfinden, können wir annehmen, daß es – je nach der Zahl und Größe der Nebenbauten im Hofbereich – nicht nur die Küche und Vorratsräume, sondern auch Viehställe aufnahm.

Trotz gleichbleibender Grundform ist der Gesamtbefund der Hausarchitektur vielfältig und variantenreich: Es gibt Bauten mit insgesamt nur zwei und mit 3–4 oder 5–6, in Ausnahmefällen sogar bis zu 13 Räumen. Anzahl und Größe der An- und Nebenbauten schwanken.

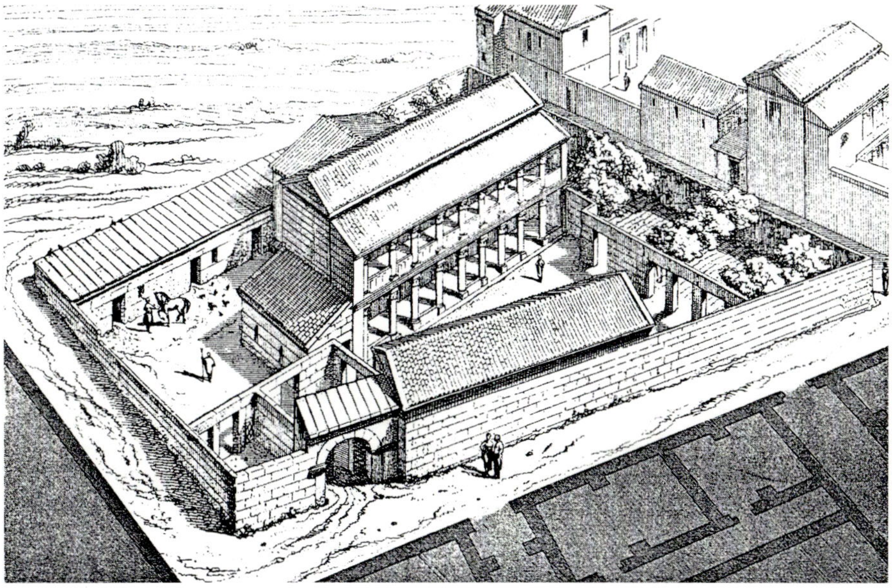

10

11

Abb. 10 Rekonstruierte Ansicht eines Hauskomplexes in Muğleyya, Ğebel Zāwiye. Stich in der Publikation von de Vogüé.

Abb. 11 Surqanya, Haus des 5. Jhs., die doppelgeschossige Pfeilervorhalle ist bis auf wenige Stützen eingestürzt, die Fassadentüren sind unprofiliert, Ornamentmedaillons bilden den einzigen Dekor der Türstürze. Äußerst sorgfältige Bearbeitung der Steinquader.

12

13

Der Eingang in den Hof ist einmal äußerst einfach, ein andermal bildet er eine monumentale Eingangsanlage (Abb. 10).

In Einzelfällen grenzt sich ein Haus, wie z. B. die sogenannte «Residenz» von Deir Sim'ān (Abb. 15, 16), durch Dreigeschossigkeit, besondere Gestaltung des Innenraumes und aufwendige Dekorationsformen so eindeutig gegen die anderen Häuser derselben Siedlung ab, daß wir annehmen können, daß sein Besitzer eine herausragende Persönlichkeit war.

Am stärksten wirken sich jedoch die Unterschiede in der Mauertechnik und in der Baudekoration, d. h. in den über die reine Konstruktion hinausführenden dekorativen Elementen, aus (Abb. 9, 12, 53).

Das Mauerwerk tritt in einfachen und in zwei parallelen, miteinander verzahnten Quaderlagen als sogenanntes Doppelmauerwerk auf. Die Steine weisen unterschiedliche Bearbeitungsqualitäten auf: Sie können nur grob behauen oder polygonal, annähernd quadratisch bzw. rechteckig bearbeitet sein. Zwischen allen diesen Arten der Zurichtung gibt es in den zentralen und nördlichen Regionen eine Fülle von Übergängen und Varianten.

Bei den doppelgeschossigen Vorhallen reicht die Spannweite von einfachen Pfeilern ohne Kapitell und Ornament (Abb. 11, 24) bis zu Säulen in einem oder in beiden Geschossen (Abb. 10, 14, 92). Letztere tragen häufig aufwendige Kapitelle, deren Form von einer Säule zur anderen wechseln kann (Abb. 70, 124, 126–127). Ihre Architrave sind glatt oder reich profiliert und ornamentiert. Die Tür- und Fensteröffnungen der Hausfassaden sind einmal ohne jeden

Abb. 12 Deir Sambul, Haus des 6. Jhs., die doppelgeschossige südliche Säulenvorhalle ist eingestürzt. Die Gliederung der Fassade durch zwei Horizontalgesimse und die reich dekorierten Fenster und Türen sind typisch für einige Häuser des 6. Jhs. im Ǧebel Zāwiye.

Abb. 13 Turmanīn, Klosteranlage, frühes 6. Jh., Westansicht der heute nicht mehr erhaltenen Kirche zur Zeit de Vogüés.

Abb. 14 Kaukanāyā, Haus des 5. Jhs., Ansicht von Südost. Das Dach der von Pfeilern und Säulen getragenen Vorhalle ist aus Steinplatten.

Abb. 15 Deir Sim'ān, sog. Residenz, Ansicht des Hauptgebäudes mit seiner dreigeschossigen Vorhalle von Südwest.

Dekor oder mit einfachen, in den auflagernden Sturz eingetieften Ornamentmedaillons (Abb. 11, 24, 25, 69) gearbeitet, ein andermal sind sie mit ihren aufwendigen Profilfolgen sowie reichen Blatt- und Ornamentfriesen (Abb. 4, 36, 92, 93) Elemente einer durchdachten, mit Horizontalgesimsen arbeitenden Fassadengestaltung.

Die Entscheidung für einen monolithen Pfeiler oder eine Säule, eine glatte oder eine profilierte Türöffnung, einen glatten oder einen ornamentierten Türsturz, einen Pfeiler bzw. eine Säule mit oder ohne Kapitell war zweifellos nicht nur eine ästhetische, sondern auch eine finanzielle: Eine Säule ist wesentlich arbeitsaufwendiger als ein Pfeiler, und ein rundplastisches Kapitell wie auch Blattfriese und Blattranken stellen hohe Anforderungen an das Können eines Steinmetzen.

Die Überlegungen zu den Kosten eines Hauses gehen aus von dem Mauerwerk, aus dem das Wohn-/Wirtschaftshaus sowie die Nebenbauten errichtet wurden, und führen zu den Kosten für die Dachkonstruktion und die mehr oder weniger aufwendige Baudekoration: Für das Aufziehen des Mauerwerks waren in der Regel ein Holzgerüst sowie eine Hebevorrichtung für die oberen Steinlagen erforderlich. Die Ziegel für die Dacheindeckung wurden in lokaler Produktion hergestellt, während die Holzbalken bei überdurchschnittlicher Breite eines Bautraktes aus Regionen außerhalb des Bergmassivs importiert werden mußten. Es erhebt sich die Frage, inwieweit wir aus der Gesamtform und Ausstattung eines Hauses auf den Stand seines Besitzers und aus dem Gesamtbild aller Häuser eines Ortes auf Schwerpunkte in Wirtschaft und Handel rückschließen können.

Das Gemeinschaftshaus *(Andron)*

Eine Inschrift des Jahres 129 n. Chr. aus Me'ez, einer Ortschaft mit städtischem Charakter im südlichen Teil des Ǧebel Bārīšā, teilt uns mit, daß eine wohlhabende Einwohnerin, Settia Secunda, die Arbeiten für die Fertigstellung des *Andron* finanziert hat. Dieser Inschrift folgend wird als *Andron* ein Bautypus bezeichnet, der dem Grundtypus des «Normalhauses» nahe ist, sich jedoch durch folgende Einzelzüge von ihm unterscheidet (Abb. 17): Er öffnet sich nicht auf einen Hof, sondern nach außen, d. h., direkt zum Ortszentrum hin (Abb. 21, 22, 25); im Obergeschoß liegt immer ein großer ungeteilter Raum, während das Untergeschoß in der Regel als großer Vorratsraum oder Stall angelegt ist. Wie im Fall des Andron von Bā'ūdā (Abb. 18, 19) kann dieses Magazin auch zur Aufnahme einer Ölpresse bestimmt gewesen sein. Die Aussage der Gesamtkonstruktion wird ergänzt durch die besonders sorgfältige Ausführung des Mauerwerks und herausragende Dekorationsformen (Abb. 19, 22) oder durch die Lage im Zentrum oder am Haupteingang einer Siedlung. In Serǧilla bildet das Andron zusammen mit den Thermen einen Komplex öffentlicher Bauten (Abb. 20–22). In Bā'ūdā liegt es, weithin sichtbar, am Rande des Dorfes (Abb. 18, 19). Es ist also immer die Kombination verschiede-

14

15

16

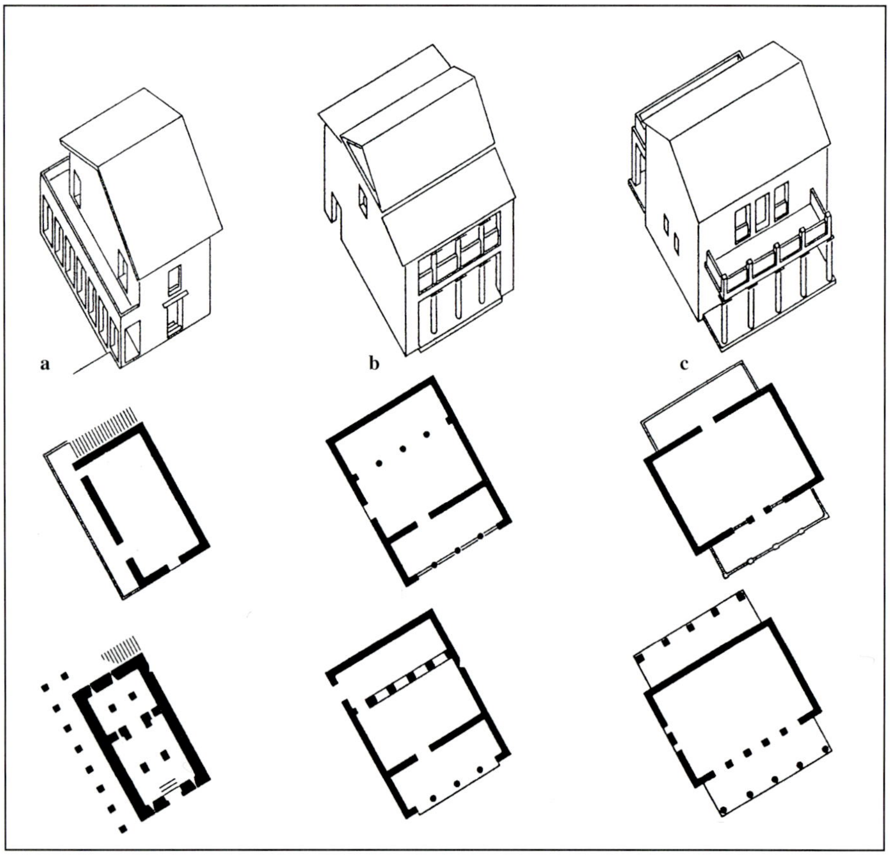

17a–c

Abb. 16 Deir Sim'ān, sog. Residenz, Innenansicht. Die eingestürzte Südwand gibt den Blick auf die Säulen- und Pfeilerstellungen des Innern frei.

Abb. 17 Schematische Darstellung des Gemeinschaftshauses (Andron), Grundriß des Erdgeschosses und des oberen Stockwerks in a. Berriš (3. Jh.) b. Serǧilla (um 473 n. Chr.) c. Bā'ūdā (6. Jh.).

Abb. 18 Bā'ūdā, Gemeinschaftshaus des 6. Jhs., von Westen gesehen.

Abb. 19 Bā'ūdā, Gemeinschaftshaus des 6. Jhs., die Westtür des Obergeschosses mit ihrem reich dekorierten Türsturz.

Abb. 20 Serǧilla, Plan des Ortes nach H. C. Butler. In der Senke liegen die öffentlichen Gebäude, auf der Anhöhe östlich von ihnen der Kirchenkomplex und Häuser des 5. und 6. Jhs.

18

19

ner Merkmale, die die Identifizierung eines Hauses als *Andron* ermöglicht. Ausführlicher läßt sich dies an einem der genannten Beispiele aufzeigen:

Ein großes Haus am Ortseingang von Bā'ūdā (Abb.18, 19) unterscheidet sich erheblich von den anderen Häusern der Siedlung: Das Untergeschoß mit der dort installierten Ölpresse öffnet sich in einer Pfeilerstellung nach Osten. Vor der Ostseite lag eine Säulen-, vor der Westseite eine doppelgeschossige Pfeilerhalle. Die Gestaltung des Obergeschosses ist auffallend: Im Osten bilden drei große, durch zwei Pfeilerstützen unterteilte Rechtecköffnungen mit reich dekorierten Schrankenplatten eine Art Loggia, während in der Westwand eine Tür mit außerordentlich reich dekoriertem Sturz liegt (Abb. 19). Für die Baudekoration, die den Bau in das 6. Jh. datiert, wurden Werkleute hinzugezogen, die in Kirchenbauten des ausgehenden 5. und des 6. Jhs. in Nachbarorten von Bā'ūdā tätig waren. Es sind die Dekorationsformen der Westtür, die das Haus aus dem Gesamtbefund der Architektur des Ortes hervorheben. Wenn es, wie wir annehmen, ein öffentliches Gebäude war, dann stand die Presse im Untergeschoß der ganzen Ortsgemeinschaft zur Verfügung. Der Saal im Obergeschoß könnte als Versammlungsort gedient haben.

Über die Funktion des *Andron* gibt keine Inschrift Auskunft. Es hat jedoch zweifellos als Gemeinschaftshaus gedient. Wir können annehmen, daß in dem Versammlungsraum das ganze Dorf betreffende Dinge, insbesondere Angelegenheiten aus der Welt der Landwirtschaft und des Handels sowie regional auftretende Probleme besprochen wurden.

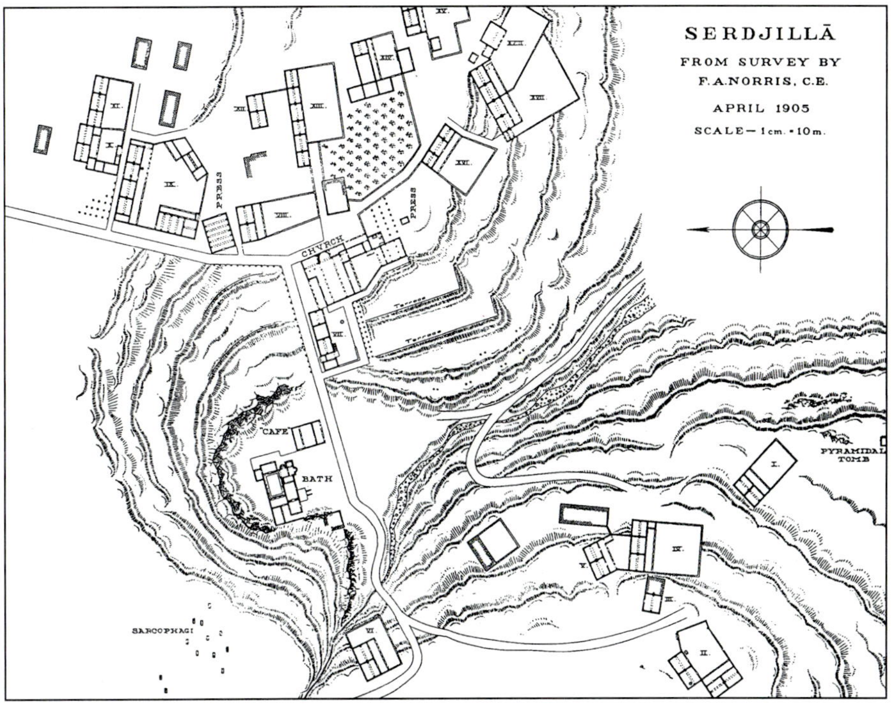

20

Thermen

Im Ğebel Zāwiye wurden bis jetzt vier Thermenanlagen aufgefunden, im Ğebel Sim'ān und Bārīšā jeweils eine. Bei den Bauten im südlichen Abschnitt des Kalksteinmassivs wiederholt sich in Variation der Grundtypus, der in Serğilla (Abb. 20, 21) am besten erhalten und durch eine Inschrift im Fußbodenmosaik des großen Aufenthaltsraumes auf die Jahre um 473 n. Chr. datiert wird.

Die Thermen von Serğilla sind sehr gut erhalten und geben durch ihre zentrale Lage in der Senke zwischen den beiden Ortsteilen (Abb. 21, 22) wie durch ihre Verbindung mit dem südlich anschließenden *Andron* eine gute Vorstellung von dem öffentlichen Zentrum einer größeren Siedlung im ausgehenden 5. Jh. Die Anlage ist nach Osten ausgerichtet und zeigt in ihrer nördlichen Hälfte den großen Aufenthalts- und Umkleideraum, im Südteil die in Ost-West-Richtung aufeinanderfolgenden Warm- und Kaltwasserräume. Für die Wasserversorgung wurde eine große Zisterne außerhalb des Baus angelegt, die von ihr aus in die einzelnen Räume führenden Kanäle wurden allerdings noch nicht freigelegt. Der Nordraum mit seiner hoch herausragenden Fensterzone ist mit einem Satteldach eingedeckt, während die niedrigen Südräume ein Flachdach aus Steinplatten tragen. Gestiftet von Julianos und seiner Frau

21

22

Domna, die sicher zu den wohlhabenden Einwohnern des Ortes gehörten, gibt die Gesamtanlage auch Auskunft über die «zeitgemäße» Ausstattung eines so wichtigen Baus – ich werde mit seinen Fußbodenmosaiken darauf zurückkommen (s. S. 57).

Herbergen und Gasthäuser (Xenodocheia und Pandocheia)

Es ist kein Zufall, daß in einem Pilgerort wie Deir Sim'ān, der schon zu Lebzeiten des Säulenheiligen Symeon zahlreichen Pilgern Unterkunft und Verpflegung zu geben hatte, die Existenz von Gasthäusern *(Pandocheia)* inschriftlich gesichert ist (Abb. 25). Leider wurden bis heute weder der als *Pandocheion* bezeichnete Baukomplex von Deir Sim'ān (Abb. 25) noch die ihm verwandten Bauten am gleichen Ort vollständig freigelegt und genauer untersucht. Wir können also selbst in einem Pilgerzentrum wie Deir Sim'ān, das gut fundierte Aussagen zu diesen Bautypen geben könnte, bei der Frage

***Abb. 21** Serğilla, Thermen und Andron von SW.*

***Abb. 22** Serğilla, Andron, Südfassade mit doppelgeschossiger Vorhalle, von Konsolenkapitellen getragen.*

***Abb. 23** Kafr Nābo, Herberge (504/5 n. Chr.), Grundriß und rekonstruierte Südansicht. Die Rekonstruktion zeigt nicht, daß die doppelgeschossige Pfeilervorhalle im Westteil durchbrochen wurde von oberer Säulenstellung und reichen Gesimsformen.*

***Abb. 24** Kafr Nābo, Herberge (504/5 n. Chr.) Südansicht.*

nach den Charakteristika von Herbergen und Gasthäusern und der Funktion ihrer Haupt- und Nebenbauten bis jetzt nur von Einzelbeobachtungen ausgehen.

Da auch diese Bauten durch Elemente wie Pfeiler- oder Säulenportiken, Höfe sowie Räume mit Viehtrögen privaten Wohnhäusern verwandt sind, erhebt sich wie im Falle des *Andron* die Frage, worin sie vom Typus des «Normalhauses» abweichen. Für ihre Beantwortung ist die Lage innerhalb oder in der Peripherie einer Siedlung von Bedeutung und d. h., wie in Deir Sim'ān (Abb. 25), das Verhältnis zu anderen öffentlichen Bauten oder die eventuelle direkte Verbindung zu Straßen.

Weitere Auskunft geben die Anlage der Höfe und die Lage der Eingänge. Welche Trakte des Gesamtkomplexes öffnen sich zu einem Innenhof, welche direkt nach außen? Wichtig sind dann Abweichungen in der Beleuchtung von Unter- und Obergeschoß, in der Ausbildung der einzelnen Fassaden sowie in der Baudekoration wie z. B. bei einem 504/5 n. Chr. datierten Bau in Kafr Nābo (Abb. 23, 24). Auch hier seien die Schwierigkeiten der Bestimmung an einem ausgewählten Beispiel veranschaulicht:

Der Hauskomplex in Kafr Nābo (Abb. 23, 24) bildet mit mehr als 40 m Gesamtlänge eine eindrucksvolle Anlage innerhalb des Ortes. Er wurde nicht in einem Zug errichtet, sondern setzt sich aus drei Häusern zusammen, die im Untergeschoß durch eine lange Pfeilerhalle miteinander verbunden wurden. In allen drei Häusern und darüberhinaus auch in der Rückwand der Hofhallen liegen in wechselnder Anordnung Viehtröge (Abb. 23). Weder die große Zahl der Tröge noch die ungewöhnliche Größe des Komplexes reichen aus, um das Haus sicher als Herberge einzuordnen. Ausschlaggebend ist die Form des westlichen, aus der Mauerflucht der Rückwand vorkragenden Hauses. Die Haupteingangstür trägt die datierende Inschrift, und das Obergeschoss (hier ist die Rekonstruktionszeichnung in Abb. 23 zu korrigieren) wurde in seiner Ausbildung klar von dem östlich anschließenden Hauptbau unterschieden und herausgehoben: Säulen trugen korinthische und ionische Kapitelle, und ein umlaufendes Gesims rahmte die gesamte Säulenstellung. Alle Elemente blieben in Sturzlage erhalten.

Das kleine Haus, im Untergeschoß in einen baulichen Zusammenhang mit den östlich anschließenden Haustrakten gebracht und von diesen dennoch abgesetzt, spricht dagegen, in dem Gesamtkomplex ein normales, zweimal erwei-

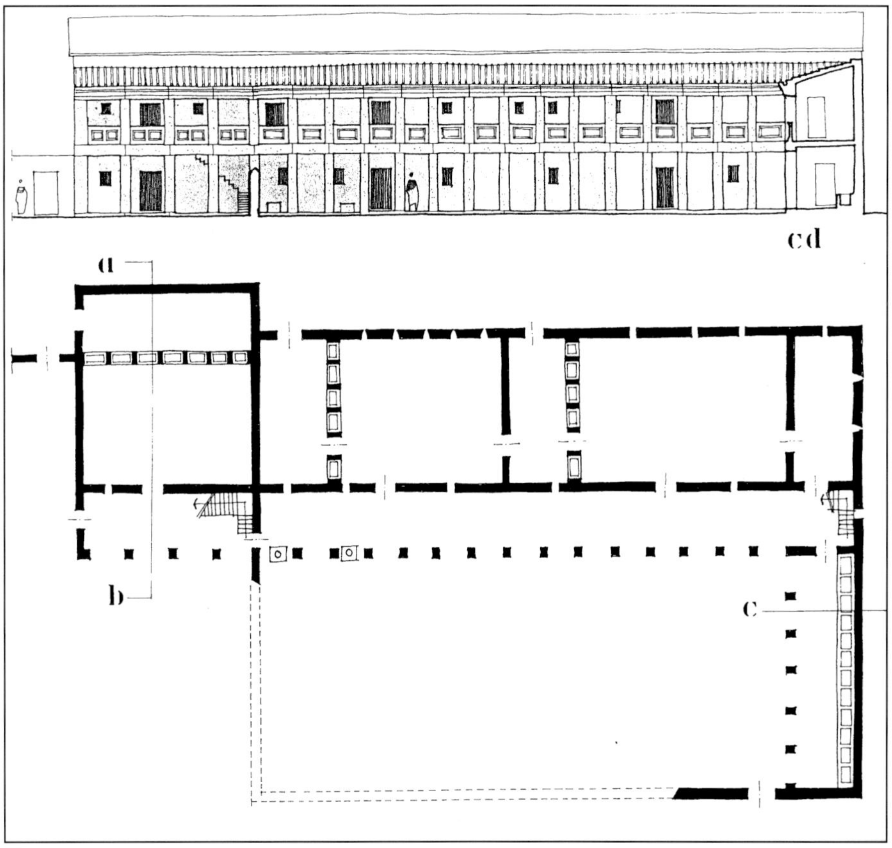

23

tertes Wohn-/Wirtschaftshaus zu sehen. Es wurde von George Tchalenko als Haus des Verwalters einer Herberge gedeutet. Die Inschrift teilt mit, daß es in Erfüllung eines Gelübdes erbaut wurde, und dies könnte ein Hinweis darauf sein, daß nicht nur dieser westliche Anbau, sondern der ganze Hauskomplex ein öffentlicher Bau und vielleicht im Besitz der Gemeinde von Kafr Nabo war.

24

Marktplatz und *Stoa*

Eine architektonisch durchgestaltete *Agora,* also ein quadratischer oder rechteckiger, von Säulenhallen eingefaßter Platz, konnte bis jetzt in keiner Siedlung sicher nachgewiesen werden, und dies liegt sicher nur teilweise daran, daß bis jetzt erst ein Ort durch Grabung detaillierter untersucht wurde – Dēḥes im Ğebel Bārīšā. Daß es öffentliche Plätze gab, die sogar mit Platten ausgelegt sein konnten, zeigt nicht nur der Befund von Serğilla. Doch es waren in der Regel wohl einfache, von Bauten in lockerer Form eingegrenzte Räume.

Die Arbeiten in Dēḥes haben gezeigt, daß ohne Grabungen die Lage und Form öffentlicher Plätze nicht geklärt werden kann. Ebenso ist – im Gegensatz zu älterer Literatur – nach jüngsten Untersuchungen die Frage wieder weitgehend offen, ob es in einzelnen Orten ausschließlich kommerziell genutzte Säulen- oder Pfeilerhallen mit doppelgeschossigen Läden an ihrer Rückseite gab – entfernt vergleichbar den Geschäften in den Säulenportiken der Städte. Der sichere Nachweis, daß in einer langen Säulen- oder Pfeilerreihe mit 5–6 manchmal sogar 6–8 aneinandergereihten Räumen ein Bautypus zu sehen ist, der kommerziel genutzt wurde, ist schwerer zu erbringen als Howard Crosby Butler und George Tchalenko annahmen. So möchte man eigentlich davon ausgehen, daß die einfachen Häuser westlich der Sergioskirche von Dar Qitā (Abb. 27) – soweit der Oberflächenbefund erkennen läßt, ohne Hof und mit einfachsten Portiken und ebenso einfachen Türformen – schon allein aufgrund der Tatsache, daß jede der direkt nebeneinander stehenden Türen durch eine eigene Inschrift auf das Jahr 485 n. Chr. datiert ist, keine «normalen» Wohnhäuser waren. Doch kann auch bei ihnen nur eine Grabung Klarheit schaffen. Ähnlich ist die Situation einiger, in älterer Literatur als *«Stoa»* interpretierter Bauten, bei denen jüngere Untersuchungen ergaben, daß sie nicht aus einem Guß sind: Ein Wohnhaus wurde durch Addition im Laufe der Zeit in Längsrichtung mehrfach erweitert.

Für die Diskussion der Frage, ob es in einzelnen Teilen des Bergmassivs Dörfer gab, deren Einwohner vorrangig nicht von der Landwirtschaft, sondern vom Handel lebten, spielt die Existenz oder Nichtexistenz eines kommerziellen Bautypus eine große Rolle. Die Frage wurde zuerst von Butler und dann ausführlich von Tchalenko diskutiert und positiv beantwortet. Wir sind auf weiterführende Grabungen angewiesen, wenn wir gegenüber der These von Butler und Tchalenko Klarheit gewinnen wollen. Dies sei am Beispiel des viel diskutierten Ortes Bā'ūdā veranschaulicht:

Den Nordteil von Bā'ūdā (Abb. 28) prägen langgestreckte, parallel laufende Pfeilerportiken, die in ihrem geringen Abstand wenig Platz für Hofanlagen von Wohn-/Wirtschaftshäusern lassen. Die zu ihnen gehörenden Räume sind aufgrund ihrer schlechten Mauerkonstruktion nicht gut erhalten, lassen aber in einigen Fällen Baufugen und spätere Veränderungen erkennen. Für die Deutung als Verkaufsläden würde sprechen, wenn sich die Portiken nicht auf einen Hof, sondern von Anfang an direkt nach außen öffneten. Nicht die Erweiterung durch zusätzliche Räume in Längsrichtung, sondern das Fehlen von jedem Haus zugeordneten Innenhöfen wäre dann das herausragende Merkmal.

Für die These, daß die langgestreckten Portiken aus der Addition von Wohnhäusern mit mehr oder weniger großen Höfen hervorgingen, wäre also zu überprüfen, ob ursprünglich vorhandene Einfassungsmauern von geschlossenen Höfen bei der Erweiterung in Längsrichtung abgetragen wurden, um geschlossene Wohneinheiten oder einen gemeinsamen Hof zu schaffen.

Das Ortsbild von Bā'ūdā (Abb. 28) wird stark geprägt von den noch stehenden Pfeilern der langgezogenen Bauten und unterscheidet sich deutlich von dem Gesamtbild anderer Siedlungen derselben Region, so daß der weiterführenden Untersuchung seiner Hausformen besondere Bedeutung zukommt.

Türme

Türme blieben in großer Zahl erhalten und treten in verschiedenstem baulichem Zusammenhang auf: Innerhalb einer Siedlung ragen sie als isolierte Bauten auf oder bilden den Teil eines Hauses (Abb. 29); außerhalb eines Ortes können sie Teil einer Klosteranlage sein oder stehen am Rande der Felder und Olivenhaine (Abb. 30); sie erscheinen an der Westseite einer Kirche als Element einer Zweiturmanlage (Abb. 13, 104); oder die Nebenräume der Apsis sind turmartig ausgebaut, mit oberen Wohnräumen für den Klerus (Abb. 131). Mit drei oder mehr Etagen, Holz- und seltener Steintreppen im Inneren sowie ohne Fenster im untersten Geschoß sind sie einfach in ihrer Gesamtkonstruktion und bieten wenig Anhaltspunkte für die Rekonstruktion ihrer ehemaligen Funktion. In Einzelfällen können wir rekonstruieren, daß Türme als Magazine und zur Überwachung der Arbeiten auf den Feldern gedient haben – an letzterem lassen z. B. die Türme, die vom Ort Sarfūd zur Ebene von Dānā hinunter aufeinanderfolgen (Abb. 30), keinen Zweifel.

Pressen und Mühlen zur Herstellung von Olivenöl

Vorrichtungen zur Produktion pflanzlichen Öls finden sich häufig in der Peripherie einer Ortschaft, in der Nähe der Ölhaine, und seltener innerhalb eines Hauses (Abb. 18). Pressen und Mühlen kommen als überdeckte Konstruktion oder als offene Anlagen unter freiem Himmel vor. Bis jetzt wurden im Kalksteinmassiv circa 500 inventarisiert, doch können wir sicher sein, daß es weit mehr waren, da es z. B. viele unterirdische Produktionsstätten gab, die verschüttet oder schwer auffindbar sind.

Während in der Antike für das Zerquetschen der Oliven in der Regel Mühl-

25

steine benutzt wurden, bevorzugte man im Kalksteinmassiv für diesen ersten Arbeitsgang säulenartige, an beiden Enden sich verjüngende Steinrollen, die vermittels einer Hebekonstruktion in großen, aus dem Fels herausgearbeiteten Becken bewegt wurden (Abb. 31, 32, 33 a).

Für den zweiten Arbeitsgang, das Auspressen der Olivenmasse, gab es verschiedene technische Verfahren: Ein Hebearm wurde entweder mit einem zylindrischen Stein fest verbunden oder mit einem Holzzylinder kombiniert, dessen Druck durch Gegengewichte verstärkt werden konnte. Die zweite Variante ist im Bergmassiv selten anzutreffen (Abb. 33). Am weitesten waren dort verbreitet Pressen mit einem Schraubenmechanismus, der in einem 750–2100 kg schweren Stein verankert wurde. Der Hebebaum war in einer rechteckigen, in den Felsstein eingetieften Nische befestigt (Abb. 31, 33).

Die Zisternen, die das beim Auspressen und späteren Abschöpfen des Öls benötigte Wasser lieferten, die Steinrollen, die Arbeits- und Auffangbecken, die zylindrischen Mühlsteine und die Nischen blieben in vielen Fällen erhalten. Zu ergänzen sind jedoch die aufwendigen Holzkonstruktionen, die die Rekonstruktionen von George Tchalenko und Olivier Callot zeigen (Abb. 33 a.b), und ohne die der Ablauf der Arbeitsgänge nicht verständlich ist.

Grabbauten, Kirchen und Klöster

Grabbauten

Grabbauten bilden neben Hausbauten den umfangreichsten Denkmälerbestand des Bergmassivs. Die Vielfalt der Formen und die enorme Spannweite des

26

27

Abb. 25 Deir Sim'ān, links der Komplex der vom Architekten Simeon errichteten Herbergen (471–479 n. Chr.) mit seinen unprofilierten, mit Ornamentmedaillons in glatter Fläche dekorierten Türen, rechts das «Andron» mit dem raumteilenden und stützenden Querbogen seines Untergeschosses.

Abb. 26 Dar Qitā, Plan des Ortes von H. C. Butler mit Angaben zu den datierten Profan- und Sakralbauten.

Abb. 27 Dar Qitā, Häuser ohne Hof und Vorhalle westlich der Sergioskirche, die benachbarten Türen sind beide auf 485 n. Chr. datiert.

28

29

30

Erhaltenen verleihen ihnen ein großes Gewicht bei der Rekonstruktion der Geschichte jedes einzelnen Ortes. Leider gibt es erst wenige Arbeiten zur Grabarchitektur.

Die Hauptformen sind aus anderen Ländern des Mittelmeerraumes bekannt und im Bergmassiv seit römischer Zeit vertreten. Das unterirdische Hypogäum, aus dem Felsen herausgearbeitet und mit Grabnischen *(Arkosolia)* an mindestens drei Seiten (Abb. 49, 50) sowie einem Eingang an der vierten Seite des Grabraumes ist die am häufigsten verwandte Grabform. Es schwankt die Zahl der *Arkosolia* und der frei aufgestellten Sarkophage sowie die Gestaltung der Eingangsanlage. Der Eingang blieb sichtbar und konnte als Tempelfassade, als einfache Säulenvorhalle (Abb. 49) oder, wie häufig in lokaler Tradition anzutreffen, als Fassade mit Bogeneingang und seitlichen Fenstern (Abb. 37) ausgebildet sein. Den zeitlichen Abstand

Abb. 28 Bā'ūdā, Ortsansicht.

Abb. 29 Kfellusīn, Türme innerhalb des Ortes von der einschiffigen Kirche des 6. Jhs. aus gesehen, im Hintergrund Steinbrüche mit Arkosolgräbern.

Abb. 30 Sarfūd, Türme zwischen dem auf einer Anhöhe gelegenen Ort und der Straße Antiochia–Beröa, im Hintergrund das Kloster Breiğ.

Abb. 31 Beḥyo, Ölpresse. Bassins und Nische für die Holzkonstruktion.

Abb. 32 Beḥyo, Ölpresse mit Steinrollen.

prägen vor allem die Dekorationsformen.

Neben oberirdisch, über einem Grabraum aufgestellten Sarkophagen (Abb. 34) oder Grabanlagen, bei denen der Kasten in den Fels eingearbeitet wurde, während der Sarkophagdeckel frei sichtbar blieb, gibt es Grabbauten, die auf vielfache Weise einen unterirdischen Grabraum mit einem oberirdischen Monument kombinierten. Zu ihnen gehören die baldachinartigen Vierstützenbauten des 3. Jhs. in Brād und Dānā und die Zweisäulenmonumente der Ebene von Sermadā.

Die monumentalen Grabanlagen des 4.–6. Jhs. in Form von Tempeln, mit hohem pyramidalem Dach auf quadratischem Unterbau (Abb. 36, 151) oder, wie bei dem Grabbau von Kaukanāyā, einen Vierstützenbau mit dem Pyramidendach kombinierend (Abb. 35), besitzen in der Regel keine unterirdische Grabkammer. Die Sarkophage standen entweder in einem geschlossenen Innenraum oder waren von außen sichtbar. So blieben z. B. in dem monumentalen Grabbau mit pyramidalem Dach, der im 6. Jh. in der Peripherie des Zentrums El Bāra errichtet wurde (Abb. 151), die fünf Tonnen schweren Steinsarkophage des Inneren erhalten. Bei Gräbern in Tempelform oder mit pyramidalem Dach waren die Sarkophage von außen sichtbar, wenn diese beiden Hauptformen der monumentalen Grabarchitektur des 5./6. Jhs. zu einer Art Baldachin mit großer Bogenöffnung an der Eingangsseite weitergebildet wurden.

Tempel

Von den 18 Tempelanlagen des 1.–3. Jhs. n. Chr., die archäologisch zweifelsfrei im Kalksteinmassiv nachgewiesen oder inschriftlich überliefert sind, gehören nur drei zur südlichen Region, dem Ǧebel Zāwiye, die restlichen dagegen zu den zentralen und nördlichen Regionen. Sie wurden entweder in herausragender Lage auf einer Anhöhe (Abb. 38) oder innerhalb eines Ortes errichtet. Wenn auch der Großteil unter ihnen zum Typus mit vier Säulen an der Frontseite *(Tetrastylos,* Abb. 38) gehört, so unterscheiden sie sich doch erheblich durch ihre Größe und den mehr oder weniger großen Aufwand der Dekorationsformen.

Zu ungefähr derselben Zeit wurden in nicht weit auseinander liegenden Teilen des Bergmassivs einmal Tempelanlagen mit durchgehend einfacher dorisch – toskanischer Ordnung (Abb. 42), ein andermal mit aufwendigen korinthischen Kapitell-, Tür- und Gebälkformen errichtet. In Me'ez, einer bedeutenden Ortschaft mit städtischem Charakter in der Ebene von Self, wurde etwa ein halbes Jahrhundert nach dem im Ort liegenden Tempel dorischer Ordnung (157 n. Chr.) eine zweite große Tempelanlage (Abb. 43) errichtet, deren Dekorationsformen nicht nur nach Mittel- und Südsyrien, sondern weit über Syrien hinaus zu anderen römischen Provinzen führen.

Im Vorausblick auf die Fragen, die von zentraler Bedeutung für das Verständnis der Situation im 4.–6. Jh. sind, ist bemerkenswert, daß für den Bau einiger Tempel des Bergmassivs zweifellos Werkleute aus den großen Städten herangezogen wurden. Des weiteren muß man sich vergegenwärtigen, daß nur einige dieser Bauten infolge der theodosianischen Gesetzgebung gegen Ende des 4. Jhs. abgetragen wurden. Sie blieben zum Teil in Form von Spolien in Kirchen dieser Zeit erhalten. Der Tempel von Bāqirḥā (Abb. 38) dagegen wurde nicht zerstört, und die großen Heiligtümer von Me'ez und Qal'at Kalōta wurden erst gegen Ende des 5. Jhs. abgetragen und auf durchdachte Weise als Spolienmaterial in den ihnen nachfolgenden Kirchen verbaut.

Kirchen

Christliche Sakralbauten blieben selbst für das 4. Jh., das in anderen Bereichen des Mittelmeerraumes sehr schlecht dokumentiert ist, in größerer Zahl erhalten. Auf die äußerst dichte Überlieferung des 5. und 6. Jhs. werde ich noch im Einzelnen eingehen. Hier nur einige Angaben zu den Bautypen:

31

32

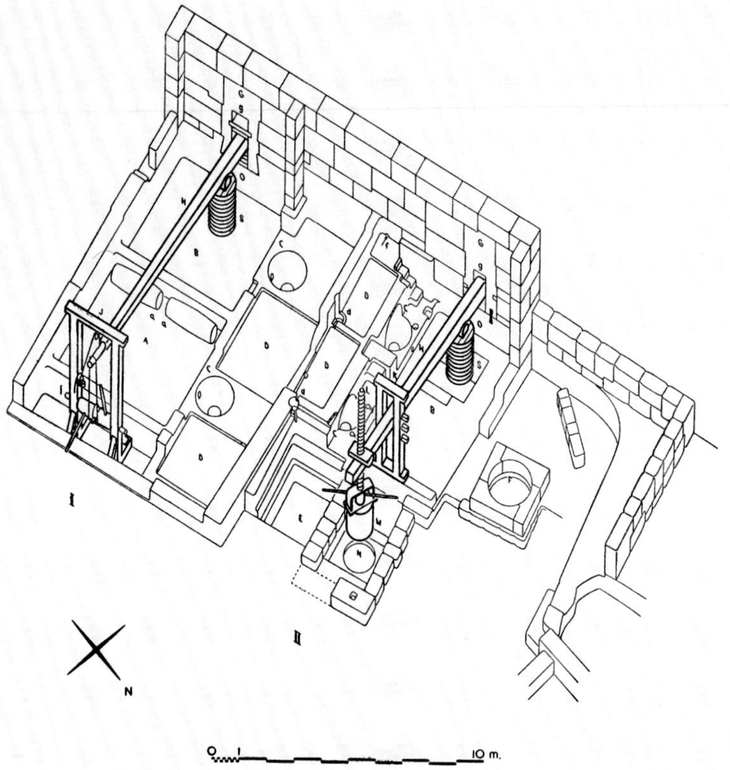

33a

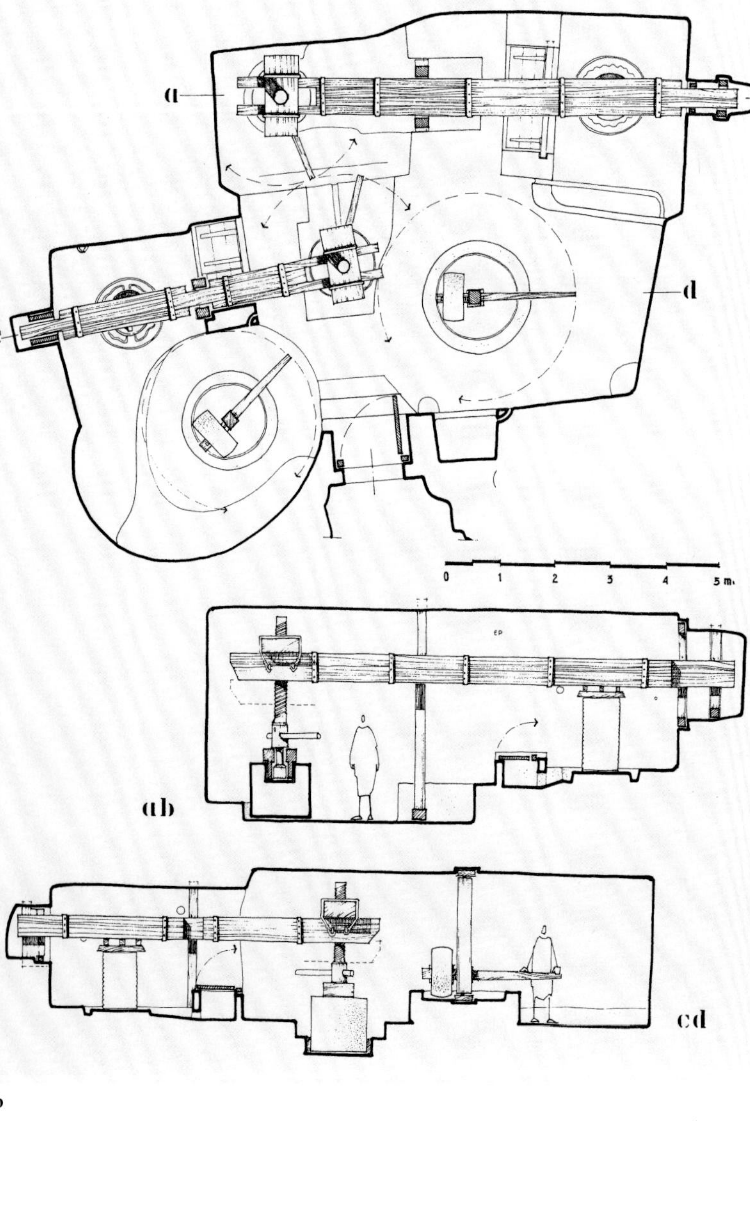

33b

Am weitesten verbreitet war die dreischiffige Säulenbasilika und sie blieb mit mehr als hundert Bauten erhalten (Abb. 39, 75). Sie ist in der Regel eingeschossig und besitzt nur im Ausnahmefall Emporen. Als lokale Schöpfung kam zu etwa derselben Zeit wie die ältesten Basiliken die einschiffige Kirche auf (Abb. 59) und verbreitete sich im Laufe des 5. und 6. Jhs. in allen Regionen der Antiochene. Aus der Kombination beider Bauformen ging in der zweiten Hälfte des 5. Jhs. die dreischiffige Kirche mit rechteckigem Altarraum hervor (Abb. 72, 109).

Schon in den ältesten Kirchenbauten wird – bei gerade abschließender Ostwand – die Apsis von zwei Nebenräumen flankiert (Abb. 62). Diese im 4.–6. Jh. auf Syrien beschränkte Verbindung einer halbrunden Apsis mit flankierenden Nebenräumen finden wir bei syrischen Tempelbauten römischer Zeit und es ist wahrscheinlich, daß sie von ihnen aus auf die Kirchenbauten überging.

Berühmt und weit über das Bergmassiv hinaus verbreitet ist der Typus der Weitarkadenbasilika mit oder ohne Zweiturmfassade. Das älteste Beispiel für diesen Kirchentypus, der in zahlreichen Beispielen des 5.und 6. Jhs. erhalten blieb, ist die Basilika von Qalblōze (Abb. 104). Die Zweiturmfassade ist nicht an den Bautypus mit weitgespannten Pfeilerarkaden im Kircheninneren gebunden, sondern tritt auch bei Säulenbasiliken auf (Abb. 13). Für die Gesamtsituation im Bergmassiv ist wichtig, daß weder die Weitarkadenbasilika noch die Säulenarkadenbasilika eine lokale Schöpfung sind. Beide Bauformen stehen, zusammen mit der kreuzförmigen Anlage des Pilgerzentrums von Qal'at Sim'ān, den wenigen erhaltenen Zentralbauten sowie Einzelformen der Kirchen von El Bāra, in der Bautradition der nordsyrischen Städte.

***Abb. 33 a.b** Rekonstruktion einer Ölpresse des 5. Jhs. in Beḥyo (a) des Jahres 241 n. Chr. und zu dem Tempel gehörend in Kafr Nābo (b).*

***Abb. 34** Burdaqli, Grab des Ariston, Sohn des Seleukos (164 n. Chr.).*

***Abb. 35** Kaukanāyā, Vierstützen-Grabbau mit pyramidalem Dach (384 n. Chr.). Die Sarkophage waren von außen sichtbar.*

***Abb. 36** Dānā, Grabbau mit pyramidalem Dach aus dem späten 5. Jh. Die Sarkophage waren in einem geschlossenen Raum aufgestellt.*

Klöster

Die große Anzahl von kleineren und größeren Klosteranlagen wurde in älterer Literatur als Gesamtbestand und mit einer Fülle von Einzelbeobachtungen aufgenommen, doch hat ihre detaillierte und d. h., monographische Bearbeitung erst in jüngster Zeit begonnen. Ein vorläufiges von Tchalenko erstelltes Inventar nennt circa 80 größere und kleinere Anlagen allein für die mittleren und nördlichen Regionen des Kalksteinmassivs. Die Zahl der im Ğebel Zāwiye erhaltenen Klosteranlagen dagegen ist sehr viel niedriger, und große Anlagen blieben dort fast ausschließlich in der unmittelbaren Umgebung des Zentrums El Bāra erhalten.

In Nordsyrien ist das Mönchtum seit dem frühen 4. Jh. bezeugt, doch datiert die älteste im Kalksteinmassiv erhaltene Klosteranlage für eine Mönchsgemeinschaft – der Baukomplex von Qaṣr el Banāt (Abb. 40) – erst in die ersten Jahrzehnte des 5. Jhs. Klöster liegen in der Nähe von Siedlungen (Abb. 5) oder isoliert am Rande einer Ebene bzw. Straße (Abb. 13). Häufig sind sie wesentlicher Bestandteil eines Pilgerortes (Abb. 3, 112). Das Kloster Breiğ (Abb. 2) zeigt anschaulich ein Charakteristikum: den der Klosteranlage zugeordneten Grundbesitz. Er wurde in der Regel von den Mönchen selbst landwirtschaftlich genutzt, um die Eigenversorgung weitgehend zu sichern.

Der heutige Besucher eines Klosters der Antiochene kann leicht die Klosterkirche, das Gemeinschaftsgrab der Mönche, den großen Innenhof mit den angrenzenden Wohngebäuden und den häufig vorhandenen Wohnturm ausmachen (Abb. 40). Schwierig ist es jedoch, ohne vollständige Freilegung der Gesamtanlage die Funktion der einzelnen an den Hof anschließenden Bauten zu bestimmen: Welches waren die Gemeinschaftsbauten der Mönche, wo wohnten sie und wo lagen die für Pilger bestimmten Unterkünfte *(Xenodochia)*. Letztere können wir in vielen Fällen voraussetzen, da nicht nur die Lage des Klosters und die Öffnung seiner Kirche nach außen hin, sondern auch die schriftliche Überlieferung mitteilen, daß Klöster für Reisende und Pilger offenstanden.

Einige Charakteristika von Klosteranlagen seien anhand der Klöster von Qaṣr el Banāt und des Südostklosters von Deir Sim'ān (Abb. 41) aufgezeigt: Der Klosterkomplex von Qaṣr el Banāt (Abb. 40), der im frühen 5. Jh. errichtet wurde, liegt direkt an der antiken Straße, die von Antiochia (Antakya) nach Beröa (Aleppo) führt. Seine Bauten sind um

34

35

36

37

Abb. 37 Deir Sim'ān, aus dem Fels herausgearbeitetes Arkosolgrab mit reich dekorierter Eingangsfassade. Links über der Tür erkennt man zwei in Relief ausgeführte Kreuzmedaillons.

Abb. 38 Burǧ Bāqirḥā, Tempel (um 163 n. Chr.). Rückansicht des Tempels mit der die Inschrift von 163 n. Chr. tragenden Temenostür.

Abb. 39 Qaṣr el Banāt, Grundriß der Klosteranlage mit an den Hof anschließenden Wohngebäuden, einer großen Kirche und einem im Innenhof errichteten Turm. Die Klosterkirche (Katholikon) vertritt den Typus der dreischiffigen Basilika.

Abb. 40 Ḫarab Šams, Kirche des 4. Jhs., nach Erdbeben teilweise im 6. Jh. wiederaufgebaut, Ansicht von Südwest. Die Fensterhochwand mit Rechteckfenstern stammt aus dem 4. Jh., die mit Rundbogenfenstern aus dem 6. Jh.

38

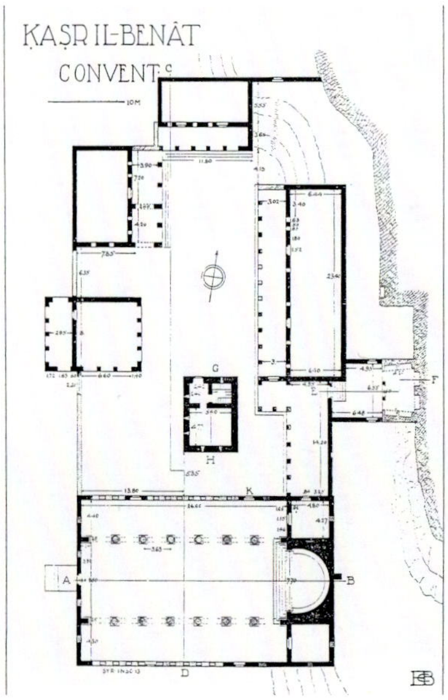

39

40

41

Abb. 41 Deir Sim'ān, das Südostkloster mit zwei dreigeschossigen Wohngebäuden, kleiner Kapelle und Gemeinschaftsgrab.

einen Innenhof angeordnet. Die an seiner Südseite liegende Klosterkirche war sowohl von außen wie vom Hof her zugänglich und zweifellos nicht nur für die Mönche, sondern auch für Pilger und Reisende bestimmt. Das große Wohngebäude an der Nordseite des Hofes könnte das Konventsgebäude gewesen sein. Einer der kleineren Wohnbauten könnte als Herberge gedient haben. Die Funktion des im Hof stehenden mehrgeschossigen Turms ist noch nicht geklärt.

Während sich die Anordnung um einen Innenhof und die weite Öffnung der Klosterkirche nach außen hin bei einer ganzen Reihe anderer Klöster wiederholen, folgen die Hauptgebäude des Südostklosters von Deir Sim'ān (Abb. 41) in Nord-Südrichtung aufeinander, und das Gemeinschaftgrab der Mönche liegt auf höherem Niveau, am Südhang des Hügels von Qal'at Sim'ān.

Zumindest das südliche der beiden großen Wohngebäude, das von Portiken eingefaßt und dreigeschossig ist, könnte dieselbe Funktion gehabt haben wie das große Wohnhaus in Qaṣr el Banāt, da es direkt mit einer kleinen Kapelle verbunden ist. Die Hauptunterschiede zwischen dem Südostkloster von Deir Sim'ān und dem Kloster von Qaṣr el Banāt werden von der Anordnung der Klostergebäude und der Form der Kirche bestimmt: In Qaṣr el Banāt ist die Klosterkirche dominant in Größe und Ausstattung, während die Kapelle des Südost-Klosters nur noch ein kleiner, im Gesamtkomplex schwer auszumachender Raum ist.

Das nordsyrische Bergmassiv in der römischen Kaiserzeit

1.–3. Jh. n. Chr.

Im Mittelpunkt aller Untersuchungen zur Siedlungsgeschichte der römischen Kaiserzeit, des 1. bis 3. Jhs. n. Chr., stehen folgende Fragen: Welcher gesellschaftlichen Schicht gehörten die Landbesitzer an, von denen die intensive Kultivierung des Bergmassivs getragen wurde, worauf gründete ihr offensichtlicher, in teilweise aufwendigen Haus-, Grab- und Tempelbauten zum Ausdruck kommender Wohlstand und wie entwickelte sich die Siedlungsgeschichte in den ersten drei Jahrhunderten nach der christlichen Zeitenwende?

42

Die Ausgrabungen in Deḥes, einem Ort des Ǧebel Bārīšā, erbrachten Einzelfunde aus hellenistischer Zeit. Die Zeugnisse vorchristlicher Zeit im Kalksteinmassiv sind bis jetzt jedoch so rar, daß sich die folgende Darstellung ganz auf das 1.–3. Jh. n. Chr. konzentriert.

Trotz der Zerstörung der meisten Haus-, Tempel- und Grabbauten römischer Zeit blieb genug erhalten, um den Anfang der intensiven Kultivierung zeitlich zu rekonstruieren und wenigstens einige Fragen zur Siedlungsgeschichte der fraglichen Zeitspanne zu beantworten. Dabei kommt der inschriftlichen Überlieferung besondere Bedeutung zu. Das Erhaltene führt uns in die zentralen und nördlichen Regionen, d. h., in die Antiochene. Der Befund legt nahe, mit einer Auswahl der Inschriften zu beginnen und erst danach einige wichtige Bauten vorzustellen.

43

Chronologische Anhaltspunkte zur Siedlungsgeschichte

Die älteste datierte Inschrift des Bergmassivs führt in die Jahre 73/74 n. Chr. und wurde in Refāde, einem der ältesten Orte auf einer Anhöhe der Ebene von Qāṭūra gefunden. Von den 35 datierten Inschriften des 1.–3. Jhs. n. Chr. finden sich vier aus der ersten Hälfte des 2. Jhs. n. Chr. im Ǧebel Bārīšā und il A'la. Drei von ihnen gehören zu Grabbauten, zwei aus dem Jahr 134, die andere aus dem Jahr 146 n. Chr., die vierte Inschrift datiert eine Ölpresse im Ort Ḫerbet er Rouman in das Jahr 143 n. Chr. Diese epigraphischen Zeugnisse werden hier einleitend genannt, weil sie zwei wichtige Fakten festhalten: Die Siedlungsgeschichte römischer Zeit begann im 1. Jh. n. Chr. und hatte in der ersten Hälfte des 2. Jhs. schon einen gewissen Höhepunkt erreicht. Die Ölbaumkultur war nicht nur im 4.–7. Jh. n. Chr., sondern sehr wahrscheinlich auch in den vorangehenden Jahrhunderten zumindest in einigen Regionen von zentraler Bedeutung.

44

45

Die Tempelanlagen geben weitere Auskunft zur Siedlungsgeschichte. Sie sind entweder mit einzelnen Daten fest in das 1./2. Jh. datiert – z. B. Burǧ Bāqirḥā um 163 n. Chr. (Abb. 38), Seiḫ Barakat 60–120 n. Chr. und Me'ez 157 n. Chr. –, oder sie lassen im Baubefund deutlich zwei große Bauphasen erkennen. Eine führt in das späte 1. oder frühe 2. Jh., die andere in das späte 2. oder frühe 3. Jh. Als gemeinsame Charakteristika sind zu nennen:

Wie bei fast allen Sakralbauten im römischen Osten ist das Formenrepertoire römisch und die Sprache der Inschriften Griechisch. Die Namen der Stifter sind hellenistisch-römisch, romanisiert oder rein semitisch. Wenn uns in einzelnen Fällen Inschriften darüber informieren, daß Landbesitz zum Tempel gehörte und die größte Ölpresse eines Ortes, wie etwa im Falle von Kafr Nābo (Abb. 33 b), im Besitz des Tempels war, dann dürfen wir eine vergleichbare Situation auch für die anderen Tempelanlagen annehmen.

Es sind vor allem die Inschriften und der Gesamtbefund der Grabbauten, die eine erste Antwort auf die Frage nach dem Stand und der Herkunft zumindest einiger Stifter von Tempelanlagen und Gemeinschaftsbauten geben. Sie nennen Angehörige der Beamtenschicht und des Militärs, wie allgemein Angehörige der hellenisierten bzw. romanisierten Oberschicht. In mehreren Inschriften werden Veteranen genannt, die nach ihrem Militärdienst nach Syrien zurückkehrten – wie z. B. Valerius Romullus, dessen Grabinschrift berichtet, daß er in der Donauprovinz Pannonia Superior gedient hatte. Es spricht aber auch einiges dafür, daß Bauern, die in den fruchtbaren Ebenen von Antiochia und Chalkis kein Land fanden, Parzellen unkultivierten Landes im Bergmassiv erwerben konnten. Um dies verständlicher zu machen, ist kurz auf die Katastrierung des Landes und die Gesetzgebung in römischer Zeit einzugehen.

46

47

Abb. 42 Benēbil, Haus 2. Jh., Pilastertür im Untergeschoß.

Abb. 43 Šeiḫ Barakāt, Tempel (61–120 n. Chr.), toskanisch-komposites Kapitell.

Abb. 44 Me'ez, Großer Tempel (Ende 2./Anfang 3. Jh.), korinthisches Kapitell.

Abb. 45 Ḫerbet el Ḫaṭīb, Haus 2./3. Jh., Pilastertür mit einfach profiliertem Sturz und Altardarstellungen.

Abb. 46 Deir Mišmiš, Grabbau in Tempelform, Ausschnitt aus dem Giebel mit korinthischem Eckpilasterkapitell.

Abb. 47 Bāmuqqa, Haus 1. Jh., Ansicht von NW.

Das Katastersystem und die Agrargesetzgebung römischer Zeit

Im Ǧebel Sim'ān und Ǧebel Zāwiye blieben häufig circa 30 cm hohe, in Ost-West-Richtung angelegte Mauern erhalten, die, wie George Tchalenko erkannte, zum Katastersystem römischer Zeit gehören. Die starke Parzellierung späterer Jahrhunderte macht es schwer, die Anfangsgröße der eingegrenzten Terrains zu rekonstruieren, und auch die Datierung dieser so wichtigen ersten Agrarreform ist noch nicht geklärt. Die Katastrierungen fanden jedenfalls vor 250 n. Chr. statt und es kommen, von den anderen römischen Provinzen ausgehend, vier Epochen infrage: die augusteische, hadrianische, flavische oder severische Zeit. Bemerkenswert ist, daß einzelne Teile des Massivs nicht in das Katastersystem einbezogen wurden: Der Norden des Ǧebel Bārīšā und der gesamte Ǧebel il A'la.

Dieses Katastersystem regelte nicht etwa den Besitzstand oder gar die Verwaltung der Territorien. Wir wissen nicht, in welcher Form die von kaiserli-

48

chen Domänen ausgehenden Landzuweisungen an Veteranen, Beamte und romanisierte Bürger geregelt wurden. Tchalenko schloß nicht aus, daß die Zuteilung auch für Angehörige dieses Personenkreises mit der Verpflichtung zur Kultivierung des Landes verbunden war, doch haben wir keinen festen Anhaltspunkt dafür. Die gesetzliche Regelung, an die er hier denkt, und in der er den wichtigsten Faktor der Siedlungsgeschichte des 4.–7. Jhs. n. Chr. sieht, wird im Codex Theodosianus als *emphyteusis* (Bepflanzungsrecht) bezeichnet. Sie führt in einen weiten Zusammenhang und war sehr wahrscheinlich nicht nur im 4.–7. Jh., sondern auch im 2.–3. Jh. von großer Bedeutung für die Kultivierung des Kalksteinmassivs. Es ist also sinnvoll, sie hier genauer vorzustellen:

Georges Tchalenko beginnt seine Diskussion der Agrargesetzgebung mit der Neuzeit. In Syrien gab es noch in der ersten Hälfte des 19. Jhs. einen Kontrakt, der auf arabisch «mugarasa» genannt wurde. Dieser Vertrag wurde zwischen einem Landeigentümer und einem Bauern geschlossen und verpflichtete letzteren dazu, das Land zu kultivieren. Nach Ablauf mehrerer Jahre – bei Olivenbäumen sind es 10–12 Jahre, also der Zeitraum bis zur ersten Ernte – wurde das Land geteilt. Die eine Hälfte blieb Besitz des Eigentümers, die andere ging in das Eigentum des Bauern über. Es war ein Kontrakt, in dem der eine sein Land, der andere sein Können und seine Arbeitskraft zur Verfügung stellte, und mit dem ein Bauer ohne Eigenbesitz zum Landbesitzer werden konnte. Diese Vertragsform war im ganzen Vorderen Orient verbreitet und hatte eine Tradition, die nach Ansicht von Tchalenko möglicherweise bis in die römische Zeit zurückführte. Die Tatsache, daß durch die in Nordafrika sicher bezeugte *Lex Marciana* und *Lex Hadriana* in römischer Zeit mit ähnlichen Bestimmungen die Urbarmachung unkultivierten Landes gefördert wurde, spricht dafür, daß derartige staatliche Initiativen auch nach dem 1. Jh. und wahrscheinlich auch für das Syrien des 2. und 3. Jhs. wirksam waren.

Fassen wir zusammen: In den Inschriften wie in den Baudenkmälern finden wir klare Anhaltspunkte für eine kontinuierliche Siedlungsgeschichte vom 1.–3. Jh. n. Chr. und erste Informationen zu den Landbesitzern, deren Familien wir mit den Grabbauten manchmal über mehrere Generationen bis in das 1. Jh. n. Chr. zurückverfolgen können. Einiges spricht dafür, daß nicht nur Veteranen, Beamte und angesehene Bürger Land zugeteilt bekamen, sondern daß mit einem besonderen Vertrag auch Bauern – beispielsweise der Ebenen von Antiochia oder Chalkis – durch Urbarmachung unkultivierten Landes zu Landbesitzern im Kalksteinmassiv werden konnten. Zudem gibt es Hinweise darauf, daß bei der Kultivierung des Kalksteinmassivs der Ölbaumkultur eine besondere Bedeutung zukam.

Die Ölbaumkultur

Offen bleibt die Frage, ob wir die Größe der Ländereien dieser neuen Besitzer, trotz der starken Unterteilung der ursprünglichen Grundstücke in späterer Zeit, wenigstens in einigen Fällen rekonstruieren können. Wie war es überhaupt möglich, in einer Bergsteppe ohne Wasser zum mehr oder weniger wohlhabenden Landbesitzer zu werden? Es ist daran zu erinnern, daß ein Ölbaum erst nach 10–12 Jahren zu tragen beginnt, ein Grundbesitzer, der Ölbaumhaine anlegt, also Startkapital braucht.

Abb. 48 Bāmuqqa, Haus 1. Jh. n. Chr., Innenansicht. Obergeschoß mit Wandschränken.

Abb. 49 Bāmuqqa, Grabanlage 1. Jh. n. Chr., Eingangsfassade.

Abb. 50 Bāmuqqa, Grabanlage 1. Jh. n. Chr., Arkosolgrab im Vorraum.

Oliven und alle aus ihnen hergestellten Produkte – vor allem Seife und Öl für Lampen – waren, darüber sind wir hinreichend informiert, ausgesprochen gewinnbringend und wurden entsprechend hoch besteuert. Eine Parzelle mit Ölbäumen wurde doppelt so hoch besteuert wie eine Weinparzelle und um ein vielfaches höher als Anbauflächen für andere landwirtschaftliche Produkte. Im Zentrum älterer und jüngerer Untersuchungen stand immer die Frage, in welchem Maße für den Eigengebrauch bzw. den Export produziert wurde, und welche Bedeutung anderen Agrarprodukten neben den Oliven zukam. Bevor wir dieser Frage nachgehen, sei einleitend die vorsichtig abwägende Darstellung des Problemkreises durch Georges Tchalenko zitiert:

Seiner Meinung nach handelte es sich nicht um Besitzer umfangreicher Ländereien, die als Eigentümer zahlreicher Dörfer in der Stadt über eine Hauptresidenz und auf jeder ihrer ländlichen Besitztümer über Nebenresidenzen verfügt hätten. Ihr Reichtum sei nicht vergleichbar mit dem der großen Latifundienbesitzer gewesen, sondern beruhte – mehr als auf dem Besitz ausgedehnter Ländereien – auf der rationellen Ausnutzung einer profitablen Landwirtschaft, deren Absatzmärkte durch die leichten Verbindungen mit den großen Städten und zu den Mittelmeerhäfen gesichert waren.

Die Landbesitzer verdankten nach Tchalenko ihren Reichtum der Ölbaumkultur, die seiner Ansicht nach in römischer wie in byzantinischer Zeit als Monokultur betrieben wurde. Die überragende Bedeutung der Ölbaumkultur wird auch in jüngeren Arbeiten nicht bezweifelt, doch wurden einige gegen eine reine Monokultur sprechende Argumente zusammengestellt. So konnte Olivier Callot als erster nachweisen, daß nicht nur in frühbyzantinischer, sondern auch in römischer Zeit tägliche Gebrauchsgüter nicht größtenteils importiert werden mußten, sondern daß mit allen Wirtschaftszweigen auch für den Eigenbedarf produziert wurde. Wir werden nach Betrachtung der für die Siedlungsgeschichte relevanten Bautypen kurz darauf zurückkommen.

Die römischen Tempel

Zweifellos sind die Hausbauten neben den Inschriften unsere wichtigste Quelle bei der Frage nach der Siedlungsgeschichte römischer Zeit. Wenn ich trotzdem mit den Tempelbauten beginne, dann aus zwei Gründen: Mehrere von ihnen sind fest datiert und helfen, die meist undatierten Häuser zeitlich einzuordnen. Ihre über die reine Konstruktion hinausführende Baudekoration gibt zudem Auskunft über die Herkunft der Werkstätten, die für diese Bauten herangezogen wurden. Somit vermitteln gerade die Tempelbauten wertvolle Aufschlüsse über Kontakte, die aus der dörflichen Welt des nordsyrischen Bergmassivs heraus zum städtischen Bereich führen.

49

Die große Spannweite in der Sakralarchitektur wird von dem Tempel auf dem Šeiḫ Barakat und dem großen Tempel von Me'ez umrissen: Bei dem älteren, zwischen 61 und 120 n. Chr. entstandenen Bau dominieren einfache dorische oder toskanisch-komposite Formen (Abb. 39). Bei der wohl in severischer Zeit errichteten Anlage in Me'ez herrschen dagegen aufwendige korinthische Formen vor (Abb. 43). Die korinthische Ordnung dieses Baus wie auch die der Heiligtümer von Brād (Abb. 61) und Qal'at Kalōta führt – trotz der kleineren Dimensionen dieser Beispiele – zu den großen Tempeln Mittel- und Südsyriens und darüber hinaus in die anderen römischen Provinzen. Die Werkleute der Tempel des Bergmassivs kamen zweifellos aus dem städtischen Bereich, denn nur dort existierte die Werkstattstradition, die die Ausarbeitung dieser Formen voraussetzt.

Dasselbe gilt auch für den Tempel des Šeiḫ Barakat (Abb. 39): Es ist mehr als unwahrscheinlich, daß es zur Zeit seiner Erbauung im Kalksteinmassiv schon Steinmetze gab, die diese Gebälk-, Tür- und Kapitellformen so hervorragend beherrschten. Zwei Beispiele können dies veranschaulichen:

Das toskanisch-komposite Kapitell

50

(Abb. 42) – eine Hauptform der Tempel, aber nicht der Hausarchitektur römischer Zeit – wurde Ende des 4. Jhs. n. Chr. durch den städtischen Architekten Julianos sowohl als Spolie des vorangehenden Tempels wie als Neuarbeit in die Kirche von Brād eingebracht (Abb. 63c). Nach Fertigstellung der Julianoskirche wurde es nur einmal und in einem sehr kurzen Zeitraum von einer lokalen Werkstatt aufgegriffen, um dann für immer aus der Produktion lokaler Werkstätten zu verschwinden.

Die beiden wichtigsten Türformen, das Portal mit reichem, von Pilastern getragenem Gebälk (Abb. 44) und das Beispiel mit profilierten Seitengewänden und reichem Gebälk, wurden von lokalen Werkleuten aufgegriffen und, wie zum Beispiel bei einem Haus in Ḫerbet el Ḫaṭīb (Abb. 45), stark vereinfachend wiederholt. Die Türen ohne profilierte Seitengewände und mit einfachsten Gebälkformen gehören also nicht erst der Spätphase des 3. Jhs. n. Chr. an, sondern wurden schon im 2. und frühen 3. Jh. n. Chr. parallel zu den reicheren Türformen der Tempel und einiger aufwendiger Hausbauten gearbeitet. Sie zeigen, daß das große Thema des 4.–6. Jhs. – die Aufnahme städtischer Formen in lokalen Werkgruppen und die von diesen Vorgängen bestimmten Kontraste zwischen den Kapitell- und Türformen gleichzeitig entstehender Bauten – eine Vorgeschichte in römischer Zeit hat.

Wir können also nachweisen, daß nicht nur im 1. Jh., sondern auch in der Folgezeit für die Konstruktion der Tempel Werkstätten von außerhalb in das Bergmassiv gerufen wurden. Den Inschriften entnehmen wir, daß mehrere Landbesitzer gemeinsam eine solche Tempelanlage finanzieren konnten. Darüber hinaus bleibt festzuhalten, daß im 2.–3. Jh. n. Chr. zumindest einige dieser Landbesitzer über genügend finanzielle Mittel verfügten, um städtische Werkleute mit der Errichtung aufwendiger Grabbauten zu beauftragen (Abb. 35, 46).

Die Hausbauten

Wir kommen zu den Hausbauten, die Einblick in den Alltag auf dem Land und den Lebensstandard der Grundbesitzer geben. In Bāmuqqa, einem Ort des Ǧebel Bārīšā, blieb das Haus, mit dem die Geschichte des Ortes begann, gut erhalten (Abb. 47). Zweigeschossig, mit doppelter Vorhalle vor der Südseite und südlichem Hof mit An- und Nebenbauten unterscheidet es sich nur in den Dekorationsformen von den Hausbauten der Folgezeit und zeugt für die erstaunliche Kontinuität eines Grundtypus über mehr als sechs Jahrhunderte. Jede Etage des Hauses weist nur einen großen, ungeteilten Raum auf.

Schränke in den Wänden beider Geschosse (Abb. 48) und eine Art Badewanne im oberen Raum lassen vermuten, daß wie in späteren Jahrhunderten im Erdgeschoß der Wirtschafts-, im Obergeschoß dagegen der Wohnbereich war. Der Hausanbau wie die Hofnebenbauten besitzen Viehtröge. Es waren Arbeits-, Wirtschafts- und wohl auch Vorratsräume. Nicht nachweisbar sind Unterkünfte für Dienstpersonal. George Tchalenko suchte derartige Einrichtungen in der Nachbarschaft des Hauses.

Nicht mehr als hundert Meter südlich des Hauses liegt das Familiengrab des Hausbesitzers, – aus dem Fels herausgearbeitet, mit gut erhaltener Eingangsfassade (Abb. 49, 50). Das perfekte polygonale Mauerwerk seiner Umfassungsmauer wiederholt sich bei der Hofmauer des Hauses, das seinerseits in einfachem Quadermauerwerk aus äußerst sorgfältig bearbeiteten Quadern errichtet wurde (Abb. 47). Es wurde also nebeneinander in verschiedenen Mauertechniken gearbeitet.

Auffallend ist der Kontrast zwischen den eingeschränkten Wohnverhältnissen und den aufwendigen Dekorationsformen des Hauses. Der Befund des Wohntraktes ließ Tchalenko vermuten, daß sich der Besitzer nicht das ganze Jahr über, sondern nur zur Erntezeit hier aufhielt, also in einer der nordsyrischen Städte lebte. Wir sehen diesen Gegensatz klarer, wenn wir das am besten erhaltene römische Gehöft im nicht weit entfernten Ort Benēbil anschauen.

51

52

53

In Benēbil blieben drei Häuser des 2. Jhs. n. Chr. unterschiedlich gut erhalten. Sie zeigen die aus Bāmuqqa bekannte hervorragende Mauertechnik und die fein ausgearbeiteten Eckpilaster im Außenbau. Bei einem von ihnen (Abb. 44, 51) blieben darüberhinaus die Außenfassaden vollständig und die doppelgeschossige Vorhalle teilweise erhalten. Es besitzt mit zwei großen Räumen in jedem Geschoß mehr Wohnraum. Die Türen im Untergeschoß mit ihrem von Pilastern getragenen, reichen Gebälk (Abb. 44) stehen denen von Bāmuqqa nahe, die aufwendigen Kapitelle der Vorhallen dagegen – ionische unten, korinthische oben – wiederholen sich in keinem der erhaltenen Häuser römischer Zeit.

Wir haben also zwei Orte mit unterschiedlicher Situation: In Benēbil gab es schon im 2. Jh. n. Chr. mehrere Landbesitzer, in Bāmuqqa zumindest noch im 2.–3. Jh. n. Chr. nur einen großen Wohn-/Wirtschaftskomplex. Die Reste von zwei monumentalen Grabbauten in Benēbil und das Familiengrab in Bāmuqqa ergänzen in ihrer aufwendigen Form die Aussage der Häuser. Bemerkenswert ist, daß sich der Befund aufwendiger Haus- und Grabbauten aus dem 2. Jh. n. Chr. in mehreren Orten des Ǧebel il A'la und Bārīšā wiederholt. Allerdings sind dort die Häuser nicht annähernd so gut erhalten und teilweise nur durch in den modernen Häusern verbaute Türen greifbar.

Der Gesamtbefund der Häuser des Ortes Sinḫar im Ǧebel Sim'ān (Abb. 53) und die Häuser von Bāqirḥā (Abb. 52) und Bānaqfūr (Abb. 54) erweitern das Bild des 2.–3. Jhs. n. Chr. Die Bauten mit rein polygonalem Mauerwerk oder der Verbindung von polygonalem mit unregelmäßigem Quadermauerwerk

54

(Abb. 53) sowie die noch stehenden Haustüren bieten insgesamt sowohl in der Mauerkonstruktion wie in der Baudekoration ein wesentlich einfacheres Bild als die Bauten von Benēbil und Bāmuqqa.

Dagegen sind die beiden gut erhaltenen Häuser von Bāqirḥā (Abb. 52) zwar in ihrem perfekten Quadermauerwerk den Häusern von Bāmuqqa und Benēbil nahe, doch der gesamte Baudekor beschränkt sich auf die dorischen Kapitelle der Vorhalle.

Die Häuser von Bāqirḥā wurden im 3. Jh. errichtet. Von den genannten Bauten in Sinḫār gehören einige ins 2., andere ins 3. Jh. n. Chr. – eines ist fest in das Jahr 272/3 datiert. Die wesentlich einfachere Ausstattung ist also nicht in jedem Fall durch spätere Entstehung zu erklären, sondern läßt lediglich den Schluß zu, daß die Besitzer dieser Häuser über weniger finanzielle Mittel verfügten oder wesentlich weniger für den Bau ihrer Häuser aufwenden konnten als z. B. der Besitzer des großen Hauses in Benēbil.

Anders ist die Situation in Bānaqfūr und Qirqbīze. Die reichen Grabanlagen in der Peripherie von Bānaqfūr lassen Hausbauten aus dem 2. Jh. erwarten, doch blieb nur ein Beispiel des 3. Jhs. gut erhalten, in das Teile vom Mauerwerk eines älteren Baus integriert wurden (Abb. 54). In seinen Kapitellformen führt dieses Haus in die Nähe der ersten Kirchenkapitelle des 4. Jhs., die im folgenden Kapitel vorgestellt werden. Die Türen dagegen sind denen eines auf 207 n. Chr. datierten Hauses von Brād verwandt. Der große Komplex östlich der Kirche von Qirqbīze (Abb. 55) zeigt eine noch weitergehende Vereinfachung und Rückbildung der Formen: Anstelle von Säulen trifft man dort Pfeilerstützen an und die Türprofile, obwohl auch im Untergeschoß auffällig reich angelegt, wurden nicht mehr voll ausgearbeitet. Das Haus wurde im fortgeschrittenen 3. oder im frühen 4. Jh. errichtet. In dieser Zeit ist eine Reduktion der Ornamentik und ein Nachlassen handwerklicher Fertigkeit in der Baudekoration der Sakral- wie Profanarchitektur der Antiochene zu beobachten.

Zusammenfassend läßt sich also sagen: Die Hausbauten römischer Zeit stehen in ihrer Architektur denen der folgenden Jahrhunderte nahe und zeugen für die erstaunlich lange Kontinuität eines Grundtypus. Die Gegensätze zwischen den Häusern manchmal eines Ortes werden von der höchst unterschiedlichen Mauertechnik und den einmal reichen, ein andermal auf einfachste Grundformen reduzierten Kapitell- und Türformen geprägt. Bei der Diskussion der Entstehungszeit der Häuser ist zu unterscheiden zwischen der Rückbildung, ja Verarmung des gesamten Formenapparates in der zweiten Hälfte des 3. sowie des frühen 4. Jhs. n. Chr. und den schon im 2. Jh. n. Chr. zu beobachtenden Kontrasten zwischen gleichzeitig entstehenden Bauten, die auf die Vereinfachung aufwendiger Formen durch lokale Werkleute zurückgehen. Es sind die Unterschiede im Gesamtbild der Orte und die Kontraste zwischen Hausbauten derselben Zeit, die an die eingangs diskutierte Gesetzgebung erinnern: Auf der einen Seite Beamte, Veteranen etc., von denen zumindest einige ihr Land ohne Auflagen erhielten, auf der anderen Seite Bauern, die zu einer Domäne gehörten, neben Landwirten, die erst nach langjährigem Kontrakt durch Erbpacht zu Eigenbesitz kamen.

Abb. 51 Benēbil, Haus 2. Jh., Ansicht von Südwesten, im Vordergrund heutige Hausbauten.

Abb. 52 Bāqirḥā, Haus 2./3. Jh. mit teilweise noch stehender Säulenvorhalle.

Abb. 53 Sinḫār, Ortsansicht. In der Bildmitte Haus mit polygonalem Mauerwerk und Pilastertür, links von ihm Haus mit zwei Mauertechniken, im Vordergrund Häuser mit unregelmäßigem Doppelmauerwerk.

Abb. 54 Bānaqfūr, Haus 3. Jh., Südansicht, die doppelgeschossige Säulenvorhalle teilweise noch in situ.

Das nordsyrische Bergmassiv in spätantik-frühbyzantinischer Zeit

Die zweite Hälfte des 3. und das 4. Jh. n. Chr.

Zeichen der Stagnation, Rückgang der Bautätigkeit

Voraussetzung für das Verständnis der Veränderungen im Laufe des 4. Jhs. n. Chr. ist die Situation im Kalksteinmassiv nach etwa 250 n. Chr. Daß nur wenige Inschriften der zweiten Hälfte des 3. Jhs. und den ersten Jahrzehnten des 4. Jhs. angehören, ist bei der generellen Zufälligkeit der Erhaltung epigraphischen Materials in Nordsyrien mit Vorsicht zu bewerten. Auffallend dagegen ist die Verarmung der Formenwelt in der Architekturdekoration von Tempeln, Gräbern und Häusern, die sich in diesen Zeitraum datieren lassen: Wir sahen weiter oben, daß auch bei Bauten mit Mauerwerk aus sorgfältig bearbeiteten rechteckigen Quadern in gleichmäßigen horizontalen Lagen (Abb. 52, 54) Türen, Kapitelle und Gesimse auf einfache Grundformen reduziert und in einigen Fällen nicht mehr vollständig ausgearbeitet wurden (Abb. 55) – einen vergleichbaren Befund werden wir noch einmal gegen Ende des 6. Jhs. n. Chr. antreffen.

Einiges spricht dafür, daß äußere Faktoren verändernd auf die Orte des Bergmassivs einwirkten. Als politische Ereignisse sind an erster Stelle die Invasion der Perser und die erste Eroberung Antiochias im Jahr 256 n. Chr. zu nennen. Wenig später, nach der Niederlage Kaiser Valerians im Jahr 260 n. Chr., folgte eine zweite Einnahme der syrischen Metropole. Nichts weist darauf hin, daß diese Geschehnisse direkt auf die Gebirgsregionen übergriffen. Es ist jedoch nicht auszuschließen, daß die schlechte Lage in den nordsyrischen Städten auf das Kalksteinmassiv rückwirkte. Ein zweites Erklärungsmodell wurde in jüngster Zeit von Georges Tate vorgetragen: Eine verheerende Pest, die 250 n. Chr. sogar Alexandria erreichte, sich in allen römischen Provinzen verbreitete und 15 Jahre wütete, habe auch das Kalksteinmassiv nicht verschont. Mit ihr und d. h., mit einer die Städte wie das Land gleichermaßen erfassenden Katastrophe, würden seiner Ansicht nach der bis in das 4. Jh. n. Chr. hinein zu beobachtende Rückgang der Bautätigkeit verständlich werden.

Wandel und Umbruch im 4. Jh. n. Chr.

Die Christianisierung des Bergmassivs ist in Inschriften wie in Bauten deutlich greifbar. Die älteste christliche Inschrift führt nach Ma'arret Šelf und in das Jahr 326/7 n. Chr. Das erste Grab, dessen Inschrift angibt, daß sein Inhaber Christ war, findet sich in Kaukanāyā. Die 472 n. Chr. fertiggestellte Basilika von Fafertīn gehört zu einer ganzen Gruppe von Kirchen des Ǧebel Sim'ān, deren Baugeschichte sich bis zur Mitte des 4. Jhs. n. Chr. zurückverfolgen läßt.

Um das Einmalige dieser hier mit einigen Fakten skizzierten Überlieferung zu verstehen, muß man sich die Situation außerhalb Syriens in der ersten Hälfte des 4. Jhs. n. Chr. vergegenwärtigen: Die ersten erhaltenen christlichen Basiliken gehörten alle zum Bauprogramm Kaiser Konstantins. Der älteste dieser Sakralbauten, die um 313 n. Chr. errichtete Lateranskirche in Rom, ist wie alle in den Städten der östlichen Provinzen gelegenen konstantinischen Kirchen durch tiefgreifende Veränderungen späterer Jahrhunderte nur in Einzelzügen greifbar. Keine Spur blieb vom berühmten Oktogon in Antiochia, einem Teil des konstantinischen Bauprogramms, in der syrischen Provinzhauptstadt, erhalten. Keine der zahlreichen, in den Schriftquellen genannten Kirchen späterer Zeit aus dem Stadtgebiet Antiochias konnte durch Grabung nachgewiesen werden. Für die zahlreich erhaltenen Bauten des Bergmassivs findet sich also Vergleichbares weder in den syrischen Städten noch in anderen Gebieten des Mittelmeerraumes. Darüberhinaus stellen die Inschriften ungewöhnlich frühe Zeugnisse der Christianisierung der Landgebiete außerhalb der syrischen Städte dar.

Die Christianisierung des Kalksteinmassivs ist in direktem Zusammenhang mit der Situation in den Städten zu sehen. Antiochia war gegen Mitte des 4. Jhs. n. Chr. weitgehend christianisiert. Dies zeigt uns die Einstellung der Einwohner gegenüber dem in der Stadt residierenden Kaiser Julian und seinem Versuch, die antiken Kulte wiedereinzuführen. Dies entnehmen wir den Schriften zweier berühmter Einwohner Antiochias – des nicht zum Christentum über-

55

Abb. 55 Qirqbīze, Haus östlich der Kirche, Südfassade mit teilweise noch stehender Pfeilerportikus, die Seitenwände der unteren Türen nicht ausgearbeitet.

getretenen Redners Libanios und des Bischofs Johannes Chrysostomos.

Es liegen nun Hinweise dafür vor, daß die Christianisierung in den Dörfern langsamer vor sich ging und bis zum Ende des 4. Jhs. auf dem Lande Anhänger beider Religionen zusammenlebten. Daß auch in Apamea, der Stadt des Zeus, zahlreiche Bürger bis zum Ende des 4. Jhs. n. Chr. den antiken Kulten treu geblieben waren, entnehmen wir der Korrespondenz des Libanios mit seinen apamenischen Freunden. Zudem gab es in Antiochia wie in Apamea noch gegen Ende des 4. Jhs. n. Chr. eine starke jüdische Gemeinde. Diese Situation änderte sich in den beiden letzten Jahrzehnten des 4. Jhs. mit der theodosianischen Gesetzgebung, die gegen die heidnischen Kulte vorging und die Zerstörung der Tempel anordnete. Es sind diese Jahre, in denen im Bergmassiv Kirchen errichtet wurden, die ostentativ an die Stelle antiker Tempel traten. Bevor wir die ihnen vorangehenden ältesten Kirchen des 4. Jhs. vorstellen, ist einleitend auf einige grundlegende, das 4.–7. Jh. betreffende Fakten und Fragen einzugehen. Diese berühren wiederum vor allem die Landaufteilung und die soziale (rechtliche) Stellung der Bauern.

Die Agrargesetzgebung im 4. Jh. n. Chr.

Teile der Ländereien des Kalksteinmassivs wurden im 4. wie schon im 2.–3. Jh. n. Chr. Beamten und Militärs für besondere Verdienste verliehen. Doch spricht einiges dafür, wie wir bereits oben sahen (s. o. S. 26), daß Landbesitz schon in der mittleren und späten Kaiserzeit durch einen besonderen, zwischen dem Eigentümer und einem einzelnen Bauern abgeschlossenen Vertrag *(emphyteusis)* von Bauern gebildet werden konnte, die die Steuern für dieses Land übernahmen und nach Ablauf der Vertragsdauer die Hälfte des Landes, das sie für den Grundbesitzer kultiviert hatten, als Eigenbesitz zugeteilt bekamen. Diese Form des Vertrages, seit dem 4. Jh. n. Chr., wie George Tchalenko zurecht annahm, von steigender Bedeutung, führte zwangsläufig zur Unterteilung ehemals großer Terrains.

Über Änderungen des Katastersystems im Laufe des 4. Jhs. n. Chr. berichtet Libanios. Im Vorangehenden wurde schon darauf hingewiesen (s. o. S. 25 f.), daß die vielfache Unterteilung ursprünglich großer Territorien es nicht möglich macht, ihre ursprüngliche Größe oder die Situation innerhalb eines bestimmten Jahrhunderts zu rekonstruieren. Einen wichtigen, bis jetzt nicht erklärbaren Befund haben jedoch die detaillierten Luftaufnahmen aufgezeigt: Eine ganze Region, der Ğebel il A'la, und der nördliche Teil des Ğebel Bārīšā (Abb. 6), blieben vom Katastersystem ausgespart. Ein weiterer wichtiger Befund sind die Unterschiede zwischen den einzelnen Regionen in Bezug auf die Gesamtheit der einem einzelnen Ort zugeordneten Territorien sowie in Bezug auf das Verhältnis des kultivierten zum nicht kultivierten bzw. des felsigen zum bewirtschaftbaren Land *(ager* und *saltus).* Jüngste Untersuchungen haben ergeben, daß in der nördlichen und südlichen Region, d.h. dem Ğebel Sim'ān und dem Ğebel Zāwiye, diese Territorien größer sind als in den zentralen Gebieten, im Ğebel Bārīšā und im Ğebel il A'la. Ferner ergaben die Untersuchungen, daß dort auch die Zahl der Häuser pro Ort höher liegt als in letzteren. Außerdem ist es wichtig festzuhalten, daß in der südlichen Region die Parzellierung keinen leeren Raum, keinen saltus gelassen hat, während dieser in allen anderen Gebieten des Kalksteinmassivs anzutreffen ist. Noch nicht geklärt werden konnte, ob die Klöster zum Ortsterritorium gehörten oder eine eigene Einheit von *ager* und *saltus* bildeten.

Des weiteren hat eine genaue Registrierung der bis jetzt bekannt gewordenen Ölpressen und Viehtröge ergeben, daß sich 56 Pressen im Ğebel Sim'ān, 157 im Ğebel Bārīšā und im Ğebel il A'la, hingegen nur 36 im Ğebel Zāwiye befinden. Die meisten Tröge dagegen wurden im Ğebel Sim'ān und Ğebel Ḥalaqa gefunden, denen eine weitaus geringere Anzahl im Ğebel Zāwiye gegenübersteht. Diese Unterschiede könnten darauf hinweisen, daß die Viehhaltung in den nördlichen Gebieten eine wesentlich größere Rolle spielte als im Süden, und daß in den zentralen Landwirtschaftsgebieten die Ölbaumkultur, die zweifellos für das gesamte Bergmassiv von hervorragender Bedeutung war, eine noch größere Rolle spielte als im Ğebel Sim'ān und Ğebel Zāwiye. Hier sind jedoch die Ergebnisse gerade laufender Untersuchungen abzuwarten.

Fragen zum sozialen und rechtlichen Status der Bauern, ob sie frei oder abhängig waren, ob sie das Land, das sie bearbeiteten, ganz oder teilweise besaßen oder als Pächter zur Domäne eines großen Grundbesitzers gehörten, werden seit langer Zeit kontrovers dikutiert. Hauptquellen für das 4. Jh. n. Chr. sind auch hier Libanios und Johannes Chrysostomos. Hinzu kommen wichtige Agrargesetze, deren Inkrafttreten innerhalb Syriens allerdings in einigen Fällen, wie wir sahen, nur hypothetisch rekonstruiert werden kann.

Libanios unterscheidet in seinen Ausführungen zum ländlichen Bereich zwischen großen Dörfern, die mehreren Besitzern gehören, und kleineren Ortschaften im Besitz eines Einzigen. In der Gesetzgebung wird hingegen unterschieden zwischen freien und besitzenden Bauern sowie Domänen. Da sich diese Angaben auf den gesamten ländlichen Bereich Nordsyriens beziehen, ist die Frage, inwieweit sie auf die Orte des Kalksteinmassivs zutrafen. Waren die Bauern als colones einem Eigentümer unterstellt, was konkret besagt, daß sie von ihm abhängig und zu Abgaben verpflichtet waren? Oder gehörten sie als freie Bauern zu einer unabhängigen Gemeinde, einer *kôme,* die als Gesamtheit für die Abgaben haftete? Libanios schildert die Zustände seiner Zeit. Gesetzt den Fall, sie trafen im 4. Jh. auch auf das Bergmassiv zu, so können wir sie doch nicht einfach auf das gesamte 5. Jh. n. Chr. übertragen, denn nichts gibt uns die Gewißheit, daß sich in einem Dorf, das zur Zeit des Libanios einem einzigen gehörte, die Situation nach dem 4. Jh. nicht änderte.

Sowohl George Tchalenko als auch Untersuchungen jüngster Zeit kamen zu dem Ergebnis, daß es sich bei den meisten Siedlungen des Bergmassivs um freie Kommunen handelte. Nur drei Domänen – kaiserlicher oder privater Großgrundbesitz, mit abhängigen, durch Gesetz an das Land gebundenen Bauern – wurden bis jetzt bekannt. Wir werden weiter unten sehen, daß die Situation der Orte im 4.–6. Jh. n. Chr. entschieden dagegen spricht, daß die Bauern, durch Abgaben an Fiskus und Großgrundbesitzer stark belastet, in Armut und drückender Abhängigkeit lebten: Die nordsyrischen Landwirte waren Eigentümer ihrer Häuser und zumindest eines Teils desjenigen Landes, das sie bearbeiteten. Viel weist darauf hin, daß sie weder durch Steuern noch durch Pachtzinsen so stark belastet waren, daß sie keinen Gewinn, keinen Überfluß erwirtschaften konnten.

Über die Verbreitung des Patronats in der zweiten Hälfte des 4. Jhs. n. Chr. berichtet wiederum Libanios. Bauern stellten sich unter den Schutz eines zivilen oder militärischen Patrons, der ihre Interessen nach außen hin vertrat – ein Verhältnis, für das die Bauern natürlich weitere Abgaben zu zahlen hatten.

Ein derartiges Patronat, das ohne Zweifel in verschiedenen Landstrichen Syriens in ähnlicher Form existierte, können wir für das Kalksteinmassiv nicht ausschließen. Die archäologischen Befunde geben jedoch keinen sicheren

56

57

Anhaltspunkt dafür. Die Vertretung der Gemeinde nach außen hin und die Verwaltung der öffentlichen Ausgaben möchte man sich eher in den Händen der für einzelne Siedlungen inschriftlich genannten «Ersten» eines Ortes sowie der Priester und Diakone vorstellen. Die Inschriften von Fußbodenmosaiken und eine ganze Reihe von Bauinschriften des 5./6. Jhs. werden uns im folgenden zu diesen Fragen zurückführen.

Die ältesten Kirchen des 4. Jhs.

In der nördlichsten Region des Bergmassivs, dem Ǧebel Sim'ān beginnt kurz nach der Mitte des 4. Jhs. n. Chr. der Kirchenbau mit der dreischiffigen Säulenbasilika (Abb. 39). Im Ǧebel il A'la bildet sich dagegen früh ein lokaler Bautypus heraus, die einschiffige Kirche (Abb. 59). Im Ǧebel Bārīšā wiederum gehören die ersten Säulenbasiliken des 4. Jhs. n. Chr. schon einer weiterentwickelten, zum 5. Jh. n. Chr. überleitenden Form an (Abb. 65). Diesem so vielschichtigen Bild in den verwaltungsmäßig Antiochia unterstellten Gebieten steht ein ganz anderer Befund in der weitgehend Apamea zugeordneten Region, dem Ǧebel Zāwiye, gegenüber. Dort sind die Anfänge im 4. Jh. n. Chr. bis jetzt nicht sicher zu fassen: In dem großen Zentrum El Bāra wurde als «städtische Aufwandsform» die Säulenbasilika mit Emporen eingeführt (Abb. 78): entweder mit Säulenkolonnaden in beiden Geschossen oder mit Architraven im unteren und Arkaden im oberen Geschoß. Die älteste Kirche El Bāras ist erst gegen 400 n. Chr. entstanden. Auch mit den ältesten Basiliken in den verwaltungsmäßig Antiochia zugeordneten Siedlungen dieser Region (Abb. 75) kommen wir nach bisheriger Kenntnis nicht in das 4. Jh. n. Chr. zurück.

Die unterschiedliche Situation in den einzelnen Teilen des Bergmassivs legt nahe, von den Kirchen der jeweiligen Region auszugehen und dann ihrer Aussage die der Häuser und Grabbauten gegenüberzustellen, um so eine Vorstellung vom Gesamtbefund der Orte im 4. und frühen 5. Jh. zu bekommen. Gegen Mitte des 4. Jhs. wurde im Ǧebel Sim'ān mit der dreischiffigen Säulenbasilika ein in frühbyzantinischer Zeit im ganzen Mittelmeerraum verbreiteter Architekturtypus übernommen. Er kam zweifellos aus einer der großen nordsyrischen Städte. Die den Innenraum der christlichen Basilika prägende Arkadenkonstruktion mit der über ihr aufgehenden Fensterhochwand (Abb. 39) hatte keine Vorstufen in der Bautradition des Kalksteinmassivs. Darum ist es faszinierend zu sehen, wie die lokalen Bauleute mit den neuen konstruktiven Anforderungen fertig wurden. Bis ins Detail können wir die einzelnen Etappen dieses Prozesses in den Kirchen von Burǧ Heidar, Sinḫār und Bātutā (Abb. 56, 57) verfolgen – sicherlich ein innerhalb des 4. Jhs. n. Chr. einmaliger, in keiner anderen Landschaft des Mittelmeerraumes so gut greifbarer Vorgang.

Die Unsicherheit bei der Ausführung der ältesten Säulenbasiliken ist überdeutlich greifbar in der engen Säulenstellung, der geringen Höhe der von den Säulenarkaden getragenen Fensterhochwand mit dem groben Füllmauerwerk ihrer Bogenzwickel (Abb. 56) sowie dem nicht geglückten Verhältnis zwischen Säule, Kapitell und Quaderstärke der Hochwand (Abb. 57). Von Anfang an wurden die drei Hauptformen der Kapitellplastik tiefgreifend umgebildet und d. h., den neuen Aufgaben innerhalb der Arkadenkonstruktion angepaßt. Dabei ist im Blick auf Befunde außerhalb Syriens die Feststellung wichtig, daß es von Anfang an Kirchen mit ausschließlich dorisch-toskanischen Kapitellen gab und Bauten, in denen alle drei Hauptformen der Kapitellplastik in einer Säulenreihe nebeneinander saßen (Abb. 56, 65). Dies ist eine speziell syrische Gestaltung des Innenraumes, die von einheimischen Werkstätten bis in das 6. Jh. n. Chr. hinein beibehalten wurde.

Von größter Aussagekraft ist der Einfluß der traditionellen Hausform des Bergmassivs auf den eingeführten Bautypus: Die Haupteingänge und der Hof

Abb. 56 Bātutā, Kirche 4. Jh., Blick von Südosten auf die Apsis und die noch stehenden südlichen Säulenarkaden mit ihrer Fensterhochwand.

Abb. 57 Sinḫār, Kirche 4. Jh., Südarkade mit korinthischem Kapitell. Der Säulenkopf wurde in den 30er Jahren unseres Jahrhunderts abgearbeitet, und die ganze Säulenreihe stürzte ein.

Abb. 58 Sinḫār, Kirche 4. Jh., Westfassade der Kirche des 4. Jhs. und des Baptisteriums aus dem 6. Jh. Die nach außen geöffneten Halbbogenfriese wurden durch die Basilika von Qalblōze (Abb. 106) eines der beliebtesten Ornamente.

liegen in bzw. vor der Südfassade, die Westwand ist geschlossen (Abb. 65, 66); das Südschiff ist breiter als das Nordschiff und der wichtigste Kapitelltypus der Hausportiken des 2./3. Jhs. n. Chr., das toskanische Kapitell, ist quasi die Leitform der ältesten Kirchen.

Die enge Beziehung zwischen Haus- und Kirchenarchitektur ist auch in der Technik des Mauerwerks zu fassen: In zwei parallelen Lagen errichtete Mauern (sog. Doppelmauerwerk) aus kleinen, grob behauenen und unregelmäßig verlegten Quadern charakterisiert in Sinḫār (Abb. 58) nicht nur die Wände der Kirche, sondern findet sich auch bei den Häusern des 3. und 4. Jhs. n. Chr. (Abb. 53). Die primitive Gesamtform der Türen ist nur vor dem Hintergrund der Verarmung des Baudekors bei Haus- und Grabbauten vorangehender Zeit und der vollen Konzentration auf die konstruktiven Probleme der Arkadenhochwand, und d. h. auf den Innenraum, zu verstehen.

Der große Abstand zwischen Bauten des 4. und des 6. Jhs. n. Chr., sowohl in der Mauertechnik wie im Baudekor wird in Sinḫār eindrucksvoll durch die Westfassade der Kirche mit ihrem unregelmäßigen Doppelmauerwerk (Abb. 58) und den im 6. Jh. n. Chr. in perfektem orthogonalem Mauerwerk errichteten südöstlichen Nebenbau, einem Baptisterium, festgehalten (Abb. 58).

Besonders aussagekräftig ist die auf 472 n. Chr. datierte Basilika von Fafertīn im Ǧebel Sim'ān. Sie fügt sich in der Mauertechnik der Außenwände und der einfachen Form der Südtüren ganz in das Bild der ältesten Kirchen dieser Region. Das perfekte orthogonale Mauerwerk des Ostteils dagegen sowie die «klassischen» Profilformen der Apsis lassen vermuten, daß sie von erfahreneren, aus dem städtischen Bereich hinzugezogenen Werkleuten gearbeitet wurden. Die Tatsache, daß in der Bauinschrift ein *Periodeutes,* ein als Kontaktperson zwischen dem Bischof und den Gemeinden seiner Diözese fungierender Kleriker, genannt wird, könnte auf eine Beteiligung des städtischen Klerus bei der Planung und Durchführung des Baus verweisen.

Abschließend sei noch darauf hingewiesen, daß die Säulenarkadenhochwände des Inneren bei fast allen Säulenbasiliken späterer Zeit – trotz tiefgreifender konstruktiver Verbesserungen – eingestürzt sind. In der Regel stehen nur die Außenwände hoch an. Daß ausgerechnet bei den ältesten Kirchen die Säulenarkaden ganz oder teilweise stehengeblieben sind (Abb. 39, 56) – bei der Kirche von Sinḫār wurden sie in der Neuzeit mutwillig zum Einsturz gebracht (Abb. 57) –, zeigt, daß sich die unsichere, alle Bauteile ohne Verbindung untereinander aufführende Bauweise in dieser erdbebenreichen Gegend nicht immer negativ auswirkte.

Die einschiffigen Kirchen

Die einschiffigen Kirchen des Ǧebel il A'la sind mit ihrem nicht von Säulenstützen unterteilten Innenraum den Hausbauten so nahe, daß Howard Crosby Butler die berühmte Kirche von Qirqbīze (Abb. 59) noch als Haus publizierte. Auch bei diesem Kirchentypus ist die Westfassade geschlossen, die Türen liegen in der Südseite (Abb. 60), und an sie schließen wie bei den Hausbauten die Eingangshalle und der Hof an.

Auffallend ist, daß schon die ältesten einschiffigen Kirchen aus einfachen, regelmäßig aufgeführten Steinlagen (orthogonalem Mauerwerk) errichtet wurden. Die Quader sind allerdings nur auf der Außenseite sorgfältig geglättet und von besonders großem Format. Das Mauerwerk kontrastiert also erheblich mit dem der Säulenbasiliken des Ǧebel Sim'ān – eine Situation, die zweifellos damit zusammenhängt, daß in dieser Region Hausbauten römischer Zeit mit einfachem orthogonalem Mauerwerk besonders häufig auftreten und bis in das 4. Jh. hinein nachzuweisen sind.

Im Inneren wurde der Altarraum durch einen hohen, von Pfeilern getragenen Bogen oder eine Architravanlage vom

58

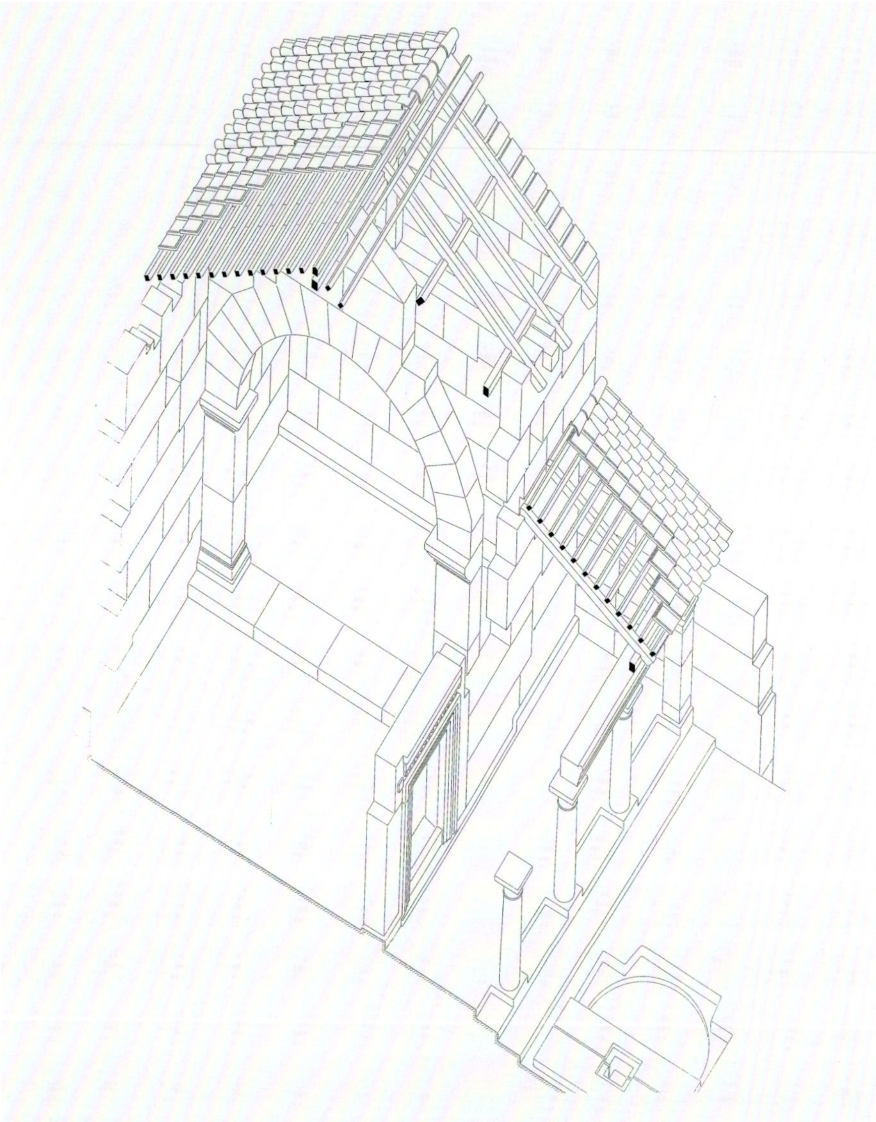

59

60

Versammlungsraum abgetrennt (Abb. 59). Dieser bot Platz für nur eine kleine Zahl von Gläubigen. Hinsichtlich der Größe stimmt er bestens mit dem überein, was wir über die Orte mit den ältesten Kirchen dieses Typus wissen: Es waren Siedlungen mit niedriger Einwohnerzahl, die noch im 5. Jh. nicht mehr als etwa ein Dutzend Hauskomplexe umfaßten.

Interessant ist die Aussage der Dekorationsformen ihrer Kirchenbauten im Vergleich mit denen der vorangehenden oder gleichzeitigen Häuser. Den äußerst einfachen Türformen der Säulenbasiliken des Ǧebel Sim'ān stehen hier reicher profilierte und ornamentierte Portale gegenüber, die zwar denen des 3. und frühen 4. Jhs. n. Chr. am gleichen Ort nahe stehen (Abb. 55), doch deutlich eine Erneuerung erkennen lassen. Die Südost-Tür der Kirche von Qirqbīze (Abb. 60) zeigt im Gegenüber zu dem vorangehenden Haus östlich der Kirche (Abb. 55), daß der Türsturz nicht durch die Wiederaufnahme antiker Profil- und Gebälkformen, sondern durch die Einführung einer von Schrankenplatten her bekannten Ornamentik erneuert und bereichert wurde.

Während sich in der Säulenbasilika alles auf die aufwendige und kostenreiche Konstruktion der Säulenarkaden konzentrierte, gewann bei den einschiffigen Kirchen der Außenbau mit Südfassade und südlicher Vorhalle größeres Gewicht. Wichtig ist dabei, daß die aufwendigen Türen mit umlaufenden Rahmenprofilen lange Zeit nicht auf die Hausbauten am gleichen Ort übergehen, sondern bis zur Mitte des 5. Jhs. n. Chr. nur bei Kirchen vorkommen und dies selbst dann, wenn dieselbe Werkstatt, die in einer Kirche arbeitete, später für die Herstellung von Kapitellen und Türen eines Hauses herangezogen wurde. Nicht nur bei der Datierung von Haus-, Kirchen- und Grabbauten der Folgezeit, sondern auch bei Fragen zur Entwicklung der einzelnen Orte, sind die hier skizzierten regionalen Unterschiede in der Mauertechnik wie in den Dekorationsformen, die ja eng mit den Anfängen des Kirchenbaus zusammenhängen, im Auge zu behalten.

***Abb. 59** Qirqbīze, rekonstruierte Innenansicht der einschiffigen Kirche des 4. Jhs. mit der Bogenarkade, die den Altarraum vom Versammlungsraum abtrennt.*

***Abb. 60** Qirqbīze, einschiffige Kirche, Haupttür der Südfassade.*

Julianos, Marinos und Markianos Kyris

Ein erster Höhepunkt nordsyrischer Architektur im frühen 5. Jh. n. Chr.

Städtische und lokale Werkgruppen

Schon im letzten Jahrzehnt des 4. Jhs. n. Chr. treten in der Antiochene drei Architekten auf, deren Einfluß auf die Gesamtkonstruktion und Dekoration der Kirchen und darüberhinaus auf die der Hausbauten nicht hoch genug eingeschätzt werden kann: Julianos, Marinos und Markianos Kyris. Um sie in ihrer richtungsweisenden Bedeutung einstufen zu können, muß man sich zunächst die Situation der lokalen Werkgruppen in der zweiten Hälfte des 4. Jhs. vergegenwärtigen:

Für die ältesten Kirchen ist uns, mit Ausnahme der Kirche von Fafertīn, kein Name eines leitenden Architekten oder Angehörigen des Klerus überliefert. Nur in der besagten Siedlung wird die Beteiligung von außen kommender Werkleute greifbar.

Die Bewältigung der konstruktiven Probleme, die mit der Einführung der Säulenarkadenbasilika verbunden waren, setzt voraus, daß es gegen Mitte des 4. Jhs. n. Chr. einen breiten Werkstattsbetrieb gab. Ob in dieser frühen Zeit schon mehrere professionell arbeitende Gruppen existierten und ob sie zu den Orten gehörten, in denen die ältesten Kirchen errichtet wurden, wissen wir nicht. Wir können lediglich vermuten, daß Konstruktion und Finanzierung von einer Siedlung allein oder mehreren benachbarten Orten gemeinsam getragen wurden.

Doch schon im letzten Viertel des 4. Jhs. n. Chr. treffen wir in Inschriften zu Haus- und Kirchenbauten auf lokale, unter einem leitenden Architekten arbeitende Werkgruppen: Den Architekten *(technites)* Kiakas als Leiter der Bauarbeiten in der Kirche von Dart'Azze (399 n. Chr.) und Eusebios, den Architekten eines Hauses in Bābisqā (384 n. Chr., Abb. 69). Erstaunlich früh begegnen wir also neben der landwirtschaftlichen Produktion einem Wirtschaftszweig, der für das Kalksteinmassiv große Bedeutung erlangte, den professionell arbeitenden Steinmetzgruppen. Dies muß man sich vergegenwärtigen bei der Rekonstruktion der Vorgänge in Brād, dem Zentrum des Ğebel Sim'ān.

61

Abb. 61 Brād, Julianoskirche (circa 390–402), Westfassade von innen mit wiederverwandten Halbsäulen und wiederverwandter Mitteltür, auffallend sind die längsformatigen, für römische Tempelbauten so charakteristischen Quader im Bereich der Mitteltür.

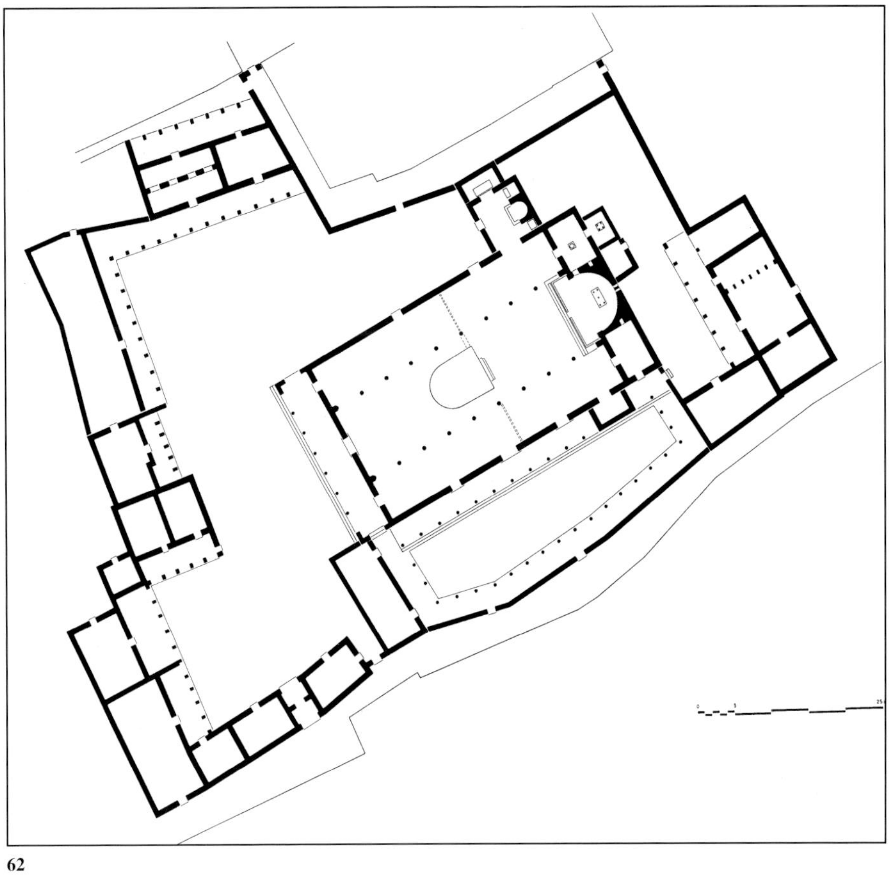

62

Abb. 62 Brād, Julianoskirche, Grundriß der Gesamtanlage mit den zahlreichen, teilweise in späterer Zeit errichteten Wohn- und Wirtschaftsgebäuden.

63a

63b

63c

64a

64b

Die Kirchen von Brād und Bābisqā

Die von Julianos unter Mitarbeit des Marinos errichtete Kirche von Brād (Abb. 61–64) und die von Markianos unter Beteiligung des Marinos errichtete Ostkirche von Bābisqā (Abb. 65–66) traten an die Stelle von römischen Tempeln. Sie sind also im Zusammenhang mit der im *Codex Theodosianus* verfügten Zerstörung heidnischer Heiligtümer zu sehen: Die Westtür der Kirche von Brād und die seitlich an sie anschließenden längsrechteckigen Mauerquader stammen aus dem römischen Tempel (Abb. 61).

Ein reicher Befund an Inschriften datiert die Fertigstellung des Baus von Brād auf 401/2 n. Chr., die Fertigstellung der Kirche von Bābisqā dagegen auf 403/4 n. Chr. Brād, das antike Kaprobarada, war eine Siedlung mit städtischem Charakter und das Verwaltungszentrum der Antiochene. Die Julianoskirche wird in ihrer Größe und Ausstattung dieser herausragenden Position gerecht. Sie wurde von den wohlhabenden Bürgern des Ortes finanziert, wie uns die zahlreichen im Kircheninneren aufgefundenen Inschriften mitteilen, in

***Abb. 63a–c** Brād, Julianoskirche, Hauptformen der Kapitellplastik; a) korinthisches Kapitell mit glatt ausgearbeiteten Blättern; b) korinthisches Kapitell mit detailliert ausgearbeiteten Blättern; c) toskanisch-komposites Kapitell.*

***Abb. 64a.b** Brād, Julianoskirche; a) Türsturz der Nordfassade mit seitlichen Kreuzmedaillons (lokaler Steinmetz); b) Haupttür der Südfassade mit reichen Profilformen klassischer Tradition und der Julianos oikodomos und Marinos nennenden Weihinschrift von 400 n. Chr. (städtischer Steinmetz).*

***Abb. 65** Bābisqā, Kirche des Markianos Kyris (fertiggestellt 403/4 n. Chr.), rekonstruierte Innenansicht mit rekonstruiertem Bema im Mittelschiff und der Quermauer, die den Ost- vom Westteil der Kirche trennte, aber einen Durchgang besaß.*

***Abb. 66** Bābisqā, Haupttür der Südfassade mit der Weihinschrift, die Markianos technites und den Diakon Eusebis nennt, sowie mit den charakteristischen Ornamenten mit Perlenfüllung. Blick auf die geschlossene Westwand.*

denen der Stifter oder die Stifterin eines jeweiligen Bauabschnitts genannt werden.

Ganz anders ist die Aussage der Bauinschriften von Bābisqā, die sich ähnlich auch in den folgenden Bauten dieser Werkstatt wiederholen. Sie nennen nicht Einwohner des Ortes, sondern neben den Architekten *(technites)* Markianos Kyris und Marinos den Diakon Eusebis (Abb. 66). In Kseiğbe (414 n. Chr.) und Dar Qitā (418 n. Chr.) wird neben dem Architekten Markianos Kyris jeweils ein Priester *(presbyteros)* erwähnt.

Wenn wir bedenken, daß uns Inschriften des 5./6. Jhs. n. Chr. in mehreren Fällen mitteilen, daß Diakone oder Priester einen Wohnturm oder eine Pfeilerbzw. Säulenhalle einer Hausanlage finanzierten, so liegt die Annahme nicht fern, daß Angehörige der klerikalen Hierarchie als Mitglieder eines Ortes bei der Errichtung von Kirchenbauten eine besondere Rolle spielen konnten. Wahrscheinlich ist, daß sie nicht nur als Vertreter des Bischofs fungierten, sondern sich in manchen Fällen auch, gemeinsam mit herausragenden Einwohnern des Ortes, an den Baukosten beteiligten. Hierauf ist bei der Behandlung der Fußbodenmosaiken (s. o. S. 57 f.) zurückzukommen.

Die wichtigsten Informationen liefern die Gesamtkonstruktion der Kirchen, ihr Baudekor und das liturgische Mobiliar. Diese Befunde besagen im konkreten Fall von Brād, daß der Bauleiter Julianos – er wird in dortigen Inschriften *oikodomos, architekton* und *technites* genannt – und mit ihm Marinos aus einer der großen Städte für die Arbeiten herangezogen wurden. Die konstruktive Verbesserung der Arkadenhochwand, die Betonung der Westseite als Eingangsseite (Abb. 61.62), die im Vergleich zu lokalen Kirchen älterer Zeit enorme Bereicherung der Kapitell- und Türformen (Abb. 63) und die Einführung eines eng mit Antiochia verbundenen liturgischen Mobiliars, des sog. *Bemas* (Abb. 61, zur Erläuterung des Begriffs s. S. 42), gehen auf diesen Einfluß des städtischen Bereichs zurück.

Der Befund des Mauerwerks der Julianoskirche ist überraschend, wenn wir ihn mit dem des Baus von Bābisqā vergleichen: Während die Markianoskirche in dem in die Zukunft weisenden einfachen Quadermauerwerk gleichmäßiger horizontaler Schichtung errichtet wurde (Abb. 65), herrscht in Brād noch das ältere Doppelmauerwerk vor. Dies ist zum einen auf das wiederverwandte Doppelmauerwerk des Tempels (Abb. 62) und zum anderen auf die Organisa-

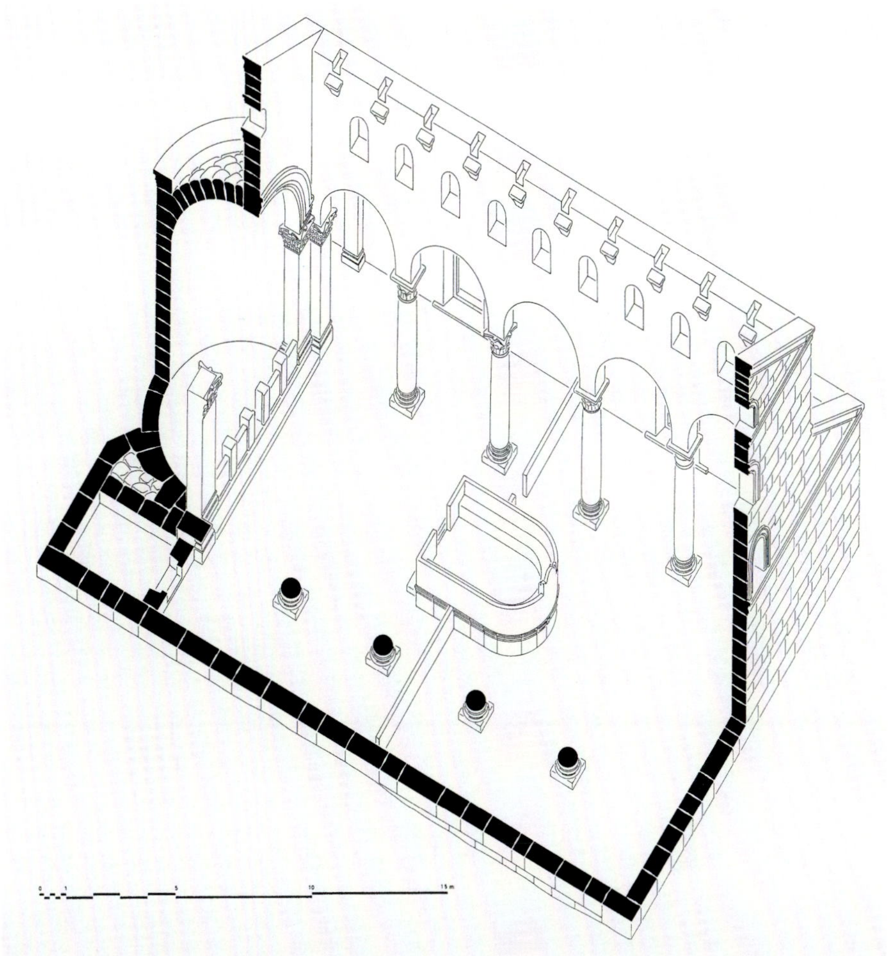

65

66

tion der Bauhütte zurückzuführen: Die Ausführung der Außenwände wie auch einiger Fassadentüren wurde einheimischen Steinmetzen übertragen (Abb. 64 a). So unterscheiden sich die äußerst einfachen Portale der Nordfassade erheblich von den «klassischen» Türformen der Julianoswerkstatt (Abb. 64 b). Es setzte sich also in Brād in größerem Maßstab die in Fafertīn zum ersten Mal beobachtete Zusammenarbeit lokaler und städtischer Werkleute fort.

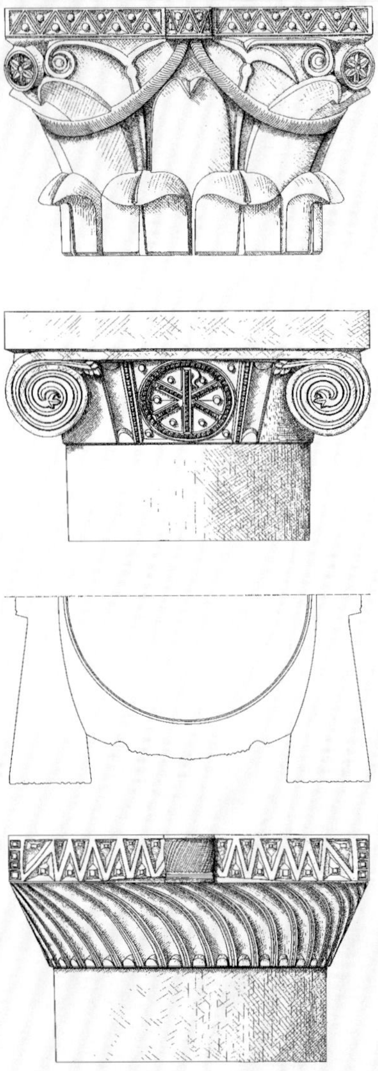

67

Die Kirchenbauten des Markianos Kyris

Markianos Kyris und die von ihm geleitete Werkstatt sind uns durch fünf Kirchen aus dem Zeitraum von ca. 390 bis ca. 420/30 n. Chr. bekannt, von denen drei sicher datiert sind. In der Abfolge dieser Bauten gewinnen wir Einblick in das wachsende Können der Mitglieder dieser Werkstatt und in ihre Auseinandersetzung mit der Formenwelt des Julianos und Marinos. Die konstruktiven Neuerungen der Julianoskirche und das dort eingeführte Hauptelement des liturgischen Mobiliars, das Bema, wurden sofort in die Bauten des Markianos Kyris übernommen (Abb. 65). Er hielt jedoch bis zur letzten, von ihm erbauten Kirche an der lokalen Form der geschlossenen Westfassade fest und verband in seinem Dekorationssystem das aus dem städtischen Bereich eingeführte Neue intensiv mit Formen lokaler Tradition.

Die Kirche von Bā'ūdā, der erste Bau des Markianos, steht in ihrem Doppelmauerwerk noch in der Tradition des 4. Jhs. n. Chr. Seit der Kirche von Bābisqā dominiert jedoch in allen Bauten des Markianos das einfache orthogonale Mauerwerk (Abb. 65), vergleichbar dem einiger herausragender Bauten römischer Zeit. Bemerkenswert ist, daß in den etwa gleichzeitigen Kirchen, wie der 399 n. Chr. fertiggestellten Kirche von Kafr Dart'Azze und der von den Markianosbauten abhängigen Westkirche von Bāqirḥā (416 n. Chr., Abb. 68), wie auch einem großen Teil der im 5. Jh. n. Chr. errichteten Hausbauten der Antiochene das ältere Doppelmauerwerk (Abb. 62) beibehalten wurde. Schon unter diesem technischen Aspekt wird damit die Sonderstellung der Markianoswerkstatt deutlich.

Aufschlußreich ist die Abfolge der Kapitell- und Türformen, die einerseits von den Neuerungen des Julianos und Marinos geprägt ist und andererseits unverwechselbare Sonderformen vorführt. Das gesamte Repertoire der für die Julianoskirche gearbeiteten toskanischen, toskanisch-kompositen, ionischen und korinthischen Kapitelle (Abb. 63) findet sich nur in Bābisqā. Es wurde dort sicher nur teilweise von Mitgliedern der Markianoswerkstatt gearbeitet, da sich nachweisen läßt, daß an ihrer Ausarbeitung Werkleute der Julianoskirche beteiligt waren.

Bei den folgenden Kirchen von Kseiğbe und Dar Qitā (414 und 418 n. Chr.) zeigt sich, daß einige der lokalen Werkleute anfangs Schwierigkeiten bei der Herstellung rundplastischer korinthischer Kapitelle und dabei vor allem denen mit voll ausgearbeiteten Akanthusformen hatten, toskanische und ionische Kapitelle dagegen beherrschten (Abb. 67).

Erst in der letzten Kirche des Markianos, der des Klosters von Qaṣr el Banāt,

68

69

wurde das korinthische Kapitell mit glatten Blättern von zahlreichen Mitgliedern der Werkstatt gearbeitet, doch ist das Kapitell mit detailliert ausgearbeiteten Blättern auch dort nur einmal vertreten.

Ganz anders ist das Bild bei zeichnerisch-geometrischen Ornamenten, häufig mit Perlenfüllung (Abb. 66, 67). Sie überziehen schon in der Kirche von Bā'ūdā in perfekter Ausführung Kapitelle, Türen und Gesimse und sind gleichsam das Markenzeichen, das jeden Bau dieser Werkstatt unverwechselbar macht.

Wenn man sich vergegenwärtigt, daß das detailliert ausgearbeitete korinthische Kapitell über Jahrhunderte hin die Leitform antiker Baudekoration war, so wird bewußt, daß die Vorgänge innerhalb der Markianoswerkstatt ein Licht auf die Situation aller lokaler Werkstätten im 4. wie im frühen 5. Jh. werfen. Zum ersten Mal wird in voller Breite greifbar, wie entscheidend der Kontakt zum städtischen Bereich nicht nur für die Gesamtkonstruktion der Bauten, sondern auch für die Wiederaufnahme und Weiterbildung «klassischer» Kapitell- und Türformen war. Es ist also ein Glücksfall der Überlieferung, daß wir schon Ende des 4. Jhs. mit den Markianoskirchen die Verschmelzung von lokalen und städtischen Traditionen innerhalb eines lokalen Steinmetzbetriebes und den Einfluß dieser Vorgänge auf andere Werkstätten derselben Region bis ins Detail verfolgen können.

Wir stellen fest, daß schon in der 416 n. Chr. fertiggestellten Kirche von Bāqirḥā (Abb. 68), dem Nachbarort von Dar Qītā, die Kapitellformen der Markianoswerkstatt nachgeahmt werden und die Tür- und Gesimsformen sich weit von den einfachen Formen des 4. Jhs. n. Chr. entfernen. Der Abstand dieser lokalen Werkstatt zu der Paul und Moses-Kirche im Nachbarort Dar Qītā (Abb. 26) ist in dem Festhalten an der älteren Mauertechnik (Doppelmauerwerk) und den unbeholfen, das heißt, mit wenig Schulung ausgearbeiteten Säulenkapitellen sowie dem Dekor der Türen zu fassen: Medaillons mit geometrischen und vegetabilischen Motiven sind die Lieblingsform lokaler Tradition (Abb. 11, 24, 64 a, 68, 69). In einfachster Ausbildung fehlen sie in kaum einer der ältesten Kirchen- oder Hausbauten und wurden von den Werkleuten des Markianos in feinster Ausführung ausgearbeitet. Sie erleben im 5. und 6. Jh. eine Steigerung, die zu einer Vielzahl von Variationen, ja zu dem Ornamentschatz par excellence des Bergmassivs führt.

Hausbauten der ersten Hälfte des 5. Jhs.

Die Hausbauten der Orte, in denen die Kirchen des Markianos entstanden, innerhalb eines halben Jahrhunderts genauer zu datieren ist schwer, da am Doppelmauerwerk bis weit in das 5. Jh. hinein festgehalten wird. Über Jahrzehnte hin wiederholen sich einfache Grundformen von Türen und Gesimsen (Abb. 11, 27, 69) und nur wenige mit den Kirchen eingeführte Neuerungen wurden in kurzem zeitlichem Abstand übernommen. Es sind im frühen 5. Jh. wie in der Folgezeit immer die Neuerungen bei den Profilformen, die zuerst von der Hausarchitektur aufgegriffen werden.

Charakteristisch für die Hausbauten des ausgehenden 4. und der ersten Hälfte des 5. Jhs. sind die Türen mit einfachem trapezoidem Gebälk (Abb. 69) oder in den glatten Sturz eingravierten Medaillons. Sie bleiben bis zum Ende des 6. Jhs. Hauptformen bestimmter Werkgruppen (Abb. 11, 24, 25, 124). Türen mit reicheren Profilformen (Abb. 14, 70) oder gar mit profilierten Seitengewänden (Abb. 125) treten selten auf und sind in der Antiochene bis in das 6. Jh. hinein Kirchen, Grabbauten und einigen herausragenden privaten oder öffentlichen Häusern vorbehalten.

Trotz der Schwierigkeiten bei der genaueren Datierung dokumentiert der Gesamtbefund an Häusern in den ältesten Teilen eines Ortes, häufig ergänzt durch die Aussage der Pressen und Zisternen, ein deutliches Wachstum der Orte. Dies bedeutet, daß z. B. die Kirchen von Dar Qītā und Kseiǧbe, die im Gegensatz zu den ältesten einschiffigen Kirchen Platz für über hundert Gläubige boten, kaum überdimensioniert waren.

Die Herausbildung regionaler Unterschiede

Trotz der geographischen Nähe der einzelnen Regionen bilden sich schon früh regionale Unterschiede heraus. Sie

Abb. 67 Auswahl aus dem Kapitellprogramm der Kirche des Markianos Kyris in Kseiǧbe (414 n. Chr.): a) Korinthisches Kapitell mit glatten Blättern; b) ionisches Kapitell mit hoher Echinuszone; c) toskanisches Kapitell mit schräg geführtem Pfeifendekor.

Abb. 68 Bāqirḥā, Westkirche (416 n. Chr.), Südwest-Tür mit umlaufend profilierten Seitenwänden sowie Ornamentmedaillons und Schrankenplattendekor auf dem Sturz.

Abb. 69 Dar Qītā, Tür des Hauses von 456 n. Chr. mit glatten Seitenwänden, trapezoidem Sturz und Ornamentmedaillons.

Abb. 70 Ǧuwānīye, Haus des 5. Jhs., Südansicht mit doppelgeschossiger Säulenvorhalle und reich geschmückten Schrankenplatten.

70

71

gehen zurück auf die Entwicklung innerhalb der lokalen Werkstätten, die sich – bei allen Gemeinsamkeiten – durch Sonderformen gegeneinander abgrenzen. Wenn wir mit der zeitlichen Abfolge der Bauten das Wachstum der Siedlungen rekonstruieren wollen, müssen wir diese Gegensätze im Auge behalten.

Der Befund in einigen Orten des Ǧebel Bārīšā und Ǧebel il A'la, die nicht weit entfernt sind von den Siedlungen mit Kirchen der Markianoswerkstatt kann diese Situation veranschaulichen:

Kaukanāyā war einer der größten Orte des Ǧebel Bārīšā. Die älteste seiner drei Kirchen, das hervorragend erhaltene Haus südöstlich von ihr (Abb. 14), das am besten erhaltene und aufwendigste Haus des Nachbarortes Ǧuwānīye (Abb. 70) und die einschiffige Kirche im nicht weit entfernten Išrūq (Abb. 71) sind durch ihre perfekte Mauertechnik (orthogonales Mauerwerk) wie ihren Baudekor eng miteinander verbunden. Die Hausbauten führen schon zur Mitte des 5. Jhs. und vielleicht sogar darüber hinaus, sind hier aber direkt mit den Kirchen zusammen zu nennen. Sie halten eine Situation fest, die wir in Orten mit Säulenbasiliken bis jetzt für diese erste Epoche nicht nachweisen können: Dieselbe Werkstatt oder eine ihr nahe, in gleicher Tradition stehende wurde einmal für eine Kirche, ein andermal für einen Hausbau herangezogen.

Das Besondere dieses Befundes zeigt der Rückblick auf die Markianosbauten: In den Dörfern, deren Kirchen von dem großen Architekten erbaut wurden, ist der Abstand zwischen diesen und den Hausbauten denkbar groß. Alles weist darauf hin, daß die Markianoswerkstatt nur Sakralbauten errichtete.

Alle Tür-, Architrav- und Kapitellformen (Abb. 70) der oben genannten Bauten von Kaukanāyā, Išrūq und Ǧuwānīye unterscheiden sich erheblich von den Hauptformen in Brād und Bābisqā. Die Neuerungen des Markianos und Julianos wurden nicht aufgegriffen, sondern in Auseinandersetzung mit der römischen Tradition wurden eigenständig neue Formen entwickelt. Ein weiterer wichtiger Aspekt ist die große Nähe der Haus- und Kirchenbauten in den drei Orten, die ihren Grund nicht allein in der Werkstattsituation hat:

Die Kirche von Išrūq ist einschiffig, also ohne Säulenstellungen im Innenraum. Dies führte dazu, daß sich der Baumeister wie bei den Häusern von Kaukanāyā und Ǧuwānīye (Abb. 14.70) auf die dekorative Ausstattung der südlichen Vorhalle und der Südfassade konzentrierte und so ein Schwergewicht im Außenbau schuf, das sich in vergleichbarer Form bei den Säulenbasiliken nicht findet.

Schauen wir zurück auf die datierten Grab- und Hausbauten des 4. Jhs. in Kaukanāyā und Ǧuwānīye, von denen einer im Vorangehenden kurz vorgestellt wurde (Abb. 35): Es ist unübersehbar, daß ein breites Repertoire an Dekorationsformen entwickelt wurde und d. h., daß sich auch mit der reicheren Ausstattung der Haus- und Grabbauten das Gesamtbild der Orte verändert hat und wachsenden Wohlstand ihrer Einwohner erkennen läßt.

Abb. 71 Išrūq, einschiffige Kirche des Antiochos und seiner Frau Epiphania (erste Hälfte des 5. Jhs.), Südansicht mit reich profilierten Südtüren, deren östliche auf dem Sturz die Inschrift trägt. Die Säulenportikus ist eingestürzt.

Architektur und Liturgie

Das syrische *Bema*

Die auffallende Anlage im Mittelschiff der Kirchen von Brād und Bābisqā (Abb. 62, 65) treffen heutige Besucher des Kalksteinmassivs in insgesamt 45 Bauten an. Angesichts der außerordentlich schlechten Erhaltung des liturgischen Mobiliars frühchristlicher Zeit in allen anderen Gegenden des Mittelmeerraumes kommt der gut erhaltenen liturgischen Innenausstattung nordsyrischer Kirchen eine so überragende Bedeutung zu, daß eine genauere Betrachtung in unserem Zusammenhang sinnvoll erscheint.

Der frühchristliche Kultraum ist, trotz gemeinsamer Grundzüge aller Bautypen, keine einheitliche Größe, nicht die Schöpfung allein eines städtischen Zentrums oder eines Landes, sondern das Ergebnis örtlicher und regionaler Sonderentwicklungen – eine Feststellung, die nicht nur die Gesamtkonstruktion der Kirche und die Lage ihrer Anbauten, sondern in hohem Maße auch ihr liturgisches Mobiliar betrifft.

Wenn in irgendeinem Land des Mittelmeerraumes in der Zeit des 4.–6. Jhs. z. B. eine dreischiffige Säulenbasilika errichtet wurde, bestimmte schon die Entscheidung für oder gegen Emporen, ob sich alle Versammelten unten oder ein Teil von ihnen oben aufhielt. Im Untergeschoß standen entweder die männlichen Laien im rechten, die weiblichen im linken Seitenschiff bzw. im hinteren Teil des Innenraums oder, in Bauten mit Querunterteilung, die Männer im Ost- und die Frauen im Westteil. Ebenso wurde in einigen Kirchen der Altar vor die Apsis gestellt, konnte sogar weit in das Mittelschiff vorgeschoben sein, während er in anderen tief in der Apsis stand (Abb. 62). Je nach Lage des Altarraumes und in sehr unterschiedlicher Beziehung zu ihm stand das liturgische Mobliliar, auf dem der Wortgottesdienst stattfand, einmal direkt vor den Altarschranken, auf der linken oder rechten Seite des Mittelschiffs bzw. in dessen Mittelachse, oder nahm das Zentrum der Kirche ein (Abb. 62, 65, 72). Der Klerus saß in der Apsis, auf einer halbkreisförmigen Sitzanlage, vor der Apsis auf seitlichen Bänken oder im Mittelschiff auf einem U-förmigen Einbau (Abb. 62, 65, 72).

Mit der liturgischen Einrichtung wurden Akzente gesetzt, Blickrichtungen geschaffen und Bewegungsabläufe gelenkt. Zudem kam mit ihr bestimmten Trakten einer Kirche besondere Bedeutung zu, denen in der Bildausstattung Ausdruck verliehen wurde.

Dort, wo das liturgische Mobiliar erhalten blieb, ist es Primärquelle neben der schriftlichen Überlieferung und kann selbst dort, wo wie in Syrien liturgische Texte in großer Dichte erhalten blieben, diese in wesentlichen Punkten ergänzen und korrigieren.

Die schriftliche Überlieferung zur Liturgie

Im Patriarchat von Antiochia waren keine einheitlichen, alle Regionen Syriens verbindenden Lösungen für das liturgische Mobiliar gegeben. Die Frage ist also: Welcher Befund aus Süd-, Mittel- oder Nordsyrien spiegelt die Situation in der Hauptstadt wider? Die Antwort der Liturgiewissenschaftler war lange Zeit überraschend: Keiner der Befunde in den einzelnen Regionen wurde auf Antiochia zurückgeführt, und dies galt insbesondere auch für die der Hauptstadt nahe Region, das nordsyrische Bergmassiv. Um dies verstehen zu können, müssen wir kurz auf die Überlieferung archäologischer und schriftlicher Quellen blicken:

Bei den unter schwierigsten Bedingungen durchgeführten Ausgrabungen Antiochias wurde keine der zahlreich überlieferten Kirchen im Stadtinneren freigelegt. Der Glanz dieser Grabungen waren die Fußbodenmosaiken aus den suburbanen Villen der Stadt. Nur zwei Kirchen in unmittelbarer Nähe Antiochias wurden freigelegt, – die des hl. Babylas im Vorort Qaussiye und die Bischofskirche in Seleukia, der Hafenstadt Antiochias. Dem Negativbefund im

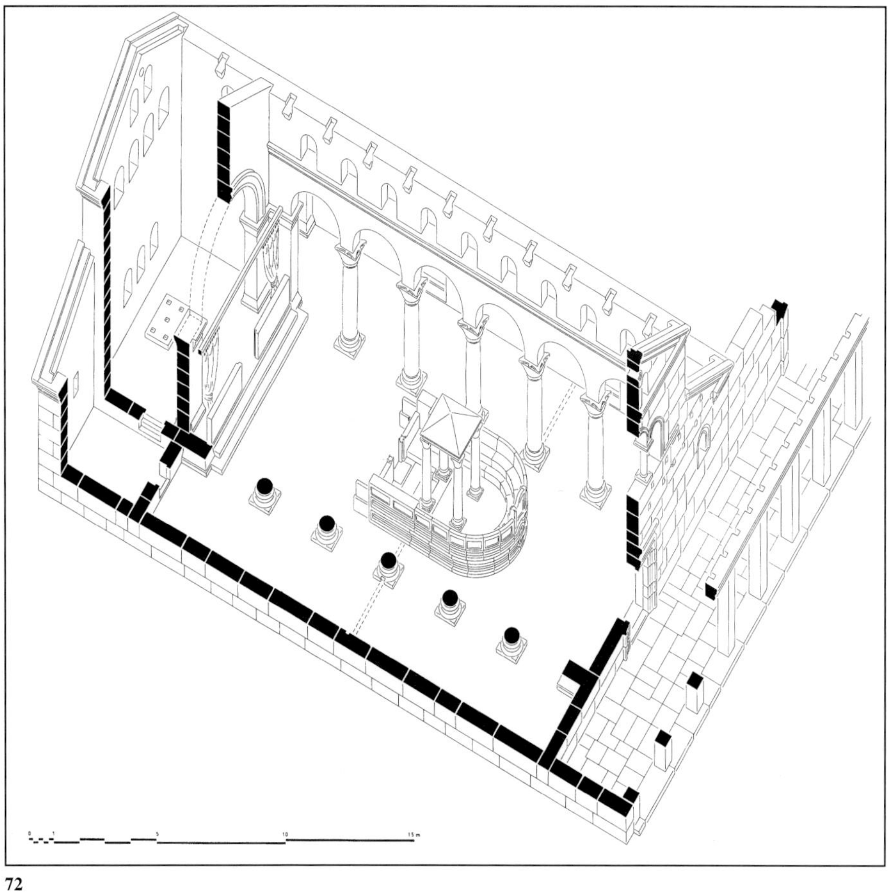

72

Abb. 72 Beḥyo, Bemakirche, zweite Hälfte des 5. Jhs., rekonstruierte Innenansicht mit ganz in Stein konstruiertem Bema und Baldachin (Ciborium) über dem Bematisch.

Stadtgebiet Antiochias standen also eine große Zahl glänzend erhaltener Kirchen im nahegelegenen Bergmassiv gegenüber.

Aus der schriftlichen Überlieferung der Frühzeit sind als liturgische Texte vor allem zu nennen: Das *Testamentum Domini* aus dem Ende des 5. Jhs., die *Didaskalia* aus dem Beginn und die Apostolischen Konstitutionen vom Ende des 4. Jhs. Die beiden erstgenannten Texte sind auf Altsyrisch auf uns gekommen, der letztere ist in Griechisch abgefaßt. Wegen Übereinstimmungen mit den Kirchen Südsyriens/Palästinas wird die Entstehung des Testamentum von den meisten Forschern in diesem Raum lokalisiert, die der *Didaskalia* in Mittelsyrien und die der Apostolischen Konstitutionen in Antiochia. Alle drei Schriften enthalten die Beschreibung einer Bischofskirche mit Angaben darüber, wo sich der Klerus und die Gemeinde während der Liturgie aufhalten sollen. Sie verlegen übereinstimmend die Plätze für Bischof und Presbyter in den Ostteil, wohl die Apsis der Kirche, unterscheiden sich aber durch die Angaben zur Aufteilung der Gläubigen im Innenraum. Die Konstitutionen nennen einen erhöhten, in der Mitte der Kirche gelegenen Platz, von dem aus die Lesungen stattfinden. Sie erwähnen zudem ein *Bema*, ohne daß allerdings klar wird, ob damit das Apsispodium oder ein erhöhter Platz in der Kirchenmitte gemeint ist.

Da der Begriff *Bema* aus griechischer Tradition heraus allgemein eine Tribüne, ein Podium bezeichnet, ist aus den Texten heraus keine Klarheit zu gewinnen. Doch nicht allein aus diesem Grund haben führende Liturgiewissenschaftler lange Zeit keinen der Texte mit dem archäologischen Befund des Bergmassivs verbunden. Hinzu kam die liturgische Überlieferung Syriens aus der Spätzeit, dem 7.–11. Jh., also den Jahrhunderten nach der Kirchenspaltung in Syrien.

Wir haben hier die seltsame Situation, daß ostsyrische Quellen eine Anlage, die zweifellos dem Mittelschiff-*Bema* der Frühzeit sehr nahe ist, detailliert beschreiben und interpretieren. Dieser breiten Überlieferung Ostsyriens steht eine sehr dünne in Westsyrien gegenüber. Nur eine Liturgiebeschreibung des 6. Jhs. mit Erwähnung eines *Bemas* blieb erhalten, und so war die Versuchung groß, die Quellen des 10./11. Jhs. direkt auf die archäologischen Befunde der Frühzeit zu übertragen. Genau dies aber ist bei der Analyse der archäologischen Befunde zu vermeiden.

Das *Bema* im architektonischen Befund des Kalksteinmassivs

Kommen wir nun zu den Befunden des Kalksteinmassivs, so ist gleich am Anfang festzuhalten, daß keine der erhaltenen Kirchen mit *Bema* eine Bischofkirche war und daß alle Bauten in Siedlungen errichtet wurden, die im besten Fall einen Priester und ein oder zwei Diakone besaßen. Dies ist im Auge zu behalten, wenn wir danach fragen, wie dieses *Bema* genutzt wurde, wer sich auf ihm aufhielt und wie sich seine Ausstattung zur liturgischen Einrichtung der Apsis verhielt.

Das *Bema* der zwischen ca. 390 und 402 n. Chr. errichteten Kirche von Brād (Abb. 62) wurde während der Bauzeit verändert. Zuerst war es ein niedriges Podium, auf dem mobile Sitze aus Holz abgestellt werden konnten. Sodann wurde es nach Westen zu erweitert und erhielt einen umlaufenden Steinsockel, in dessen Oberseite Einarbeitungen zum Einlassen hölzerner Sessel erhalten blieben. In allen Phasen hatte das *Bema* einen U- bzw. sigmaförmigen Grundriß, war nach Osten hin geöffnet und besaß 12 Plätze, die in ihrer Mitte im Westen einen Thron einschlossen. Dieser war in keiner Kirche des Kalksteinmassivs ein richtiger Sitzplatz, sondern war mit seiner Abschrägung auf der Vorderseite immer für das Ablegen eines Buches, des Evangeliars, eingerichtet.

Mit dem Übergang zur gemischten Bauweise in der Julianoskirche von Brād entstand also eine permanente Anlage und d. h., die Sitze blieben fortan immer auf dem Podium. In der Kirche des hl. Babylas vor den Mauern Antiochias, die vor 387 n. Chr. fertiggestellt wurde, blieb das *Bema* zwar nur in den Fundamenten erhalten. Es zeigt aber, daß es sich sowohl in der Bauweise wie in der Gesamtform von dem Endstadium in Brād nicht unterschied. In Rayān (Abb. 94), einem Ort am Rande des Kalksteinmassivs, wurde in dem am Ende des 4. oder am Anfang des 5. Jhs. verlegten Fußbodenmosaik der Kirche der Platz für die Sitze des *Bemas* durch das Mosaik markiert. Die Anlage war auch hier sigmaförmig und nach Osten ausgerichtet.

Wir sehen also, wenn wir die Aussage der drei Kirchen kombinieren, daß dem *Bema* mit Steinsockel und hölzernem Oberbau eine Anlage in Holz voranging und daß die Änderung in Brād höchst aktuell war und aufs engste mit der Kirche eines Vorortes von Antiochia verbunden ist.

Bemerkenswert ist, daß weder die Sigmaform, noch die Zwölfzahl in dieser Zeit festliegen: Das bis jetzt einzige *Bema* der zweiten Hälfte des 4. Jhs. in einer Kirche der Euphratregion ist rechteckig und entspricht in seiner Gesamtform weitgehend dem *Bema* der ältesten datierten Kirche des Bergmassivs, der 472 n. Chr. fertiggestellten Kirche von Fafertīn.

Gehen wir noch einmal nach Brād zurück und betrachten das *Bema* in sei-

73

Abb. 73 Bāqirḥā, Westkirche, südlicher Apsisnebenraum (Martyrion) mit Reliquiaren (2. Bauphase, 501 n. Chr.).

Abb. 74 Beirut, Slg. H. Pharaon, Basaltreliquiar aus Ma'aret en Nom'ān.

ner Beziehung zu Mittelschiff und Apsis (Abb. 62). Hier wie in allen späteren Kirchen ist der Innenraum quergeteilt: durch hölzerne oder steinerne Schranken sowie durch Vorhänge in den Seitenschiffen, die bis circa 1,70 m hoch waren und bis zu den Außenwänden reichten (Abb. 62, 65, 72). Ein Teil der Schranken war beweglich und ermöglichte auch im Mittelschiff den Durchgang vom West- zum Ostteil der Kirche. Die Ostseite ist immer dreigeteilt in Apsis und zwei Nebenräume. Der Altar liegt tief in der Apsis und läßt keinen Platz für eine Sitzbank. In erster Bauphase existierte keine Verbindung zwischen Apsis und Nebenräumen – in Brād gehört der Durchgang zu einem späteren Baustadium.

In der Anlage der Fassadentüren weicht Brād von den späteren Kirchen lokaler Tradition in der Antiochene ab (Abb. 62). Der Architekt Julianos verband, aus städtischer Tradition kommend, die weite Öffnung der Westfassade, also eine Längsausrichtung, mit der Betonung der Südseite, wie sie bei allen lokalen Bauten der Antiochene üblich war. Bemerkenswert ist, daß die durch eine Bauinschrift mit dem Datum 400 n. Chr. wie auch den Dekor ausgezeichnete Haupttür der Südfassade (Abb. 64 b) – die mittlere von drei Türen – nicht in den Ost-, sondern den Westteil der Kirche führt. Der Hauptteil der Gläubigen wurde also in den Raum hinter dem *Bema* geleitet und suchte von dort aus die vorgeschriebenen Plätze im Inneren auf. In der Folgezeit wurde in den Kirchen der Antiochene immer die östliche der beiden Südtüren – die Tür, durch die der Klerus in die Kirche einzog – wesentlich reicher ausgestattet als die westliche.

In den Jahrzehnten nach Fertigstellung der Julianoskirche wird das *Bema* weitergebildet. Gegen Mitte des 5. Jhs. sind auch die Sitze ganz aus Stein, und das *Bema* besitzt häufig einen westlichen Vorraum (Abb. 72). Zur Ausstattung gehören ein Tisch in der Mitte des *Bemas*, der allerdings nur erhalten blieb, wenn er aus Stein war; Schränke für die liturgischen Bücher, in der Regel im Ostteil des *Bemas,* bei der berühmten Pfeilerbasilika von Qalblōze (Abb. 104) dagegen in den Pfeilern rechts und links des *Bemas*; der *Bema*-Thron ist nun auf der Rückseite reich dekoriert (Abb. 72), aber weiterhin auf der Vorderseite abgeschrägt zum Ablegen eines Buches.

Einige Veränderungen sind in einem Zusammenhang mit denen des Sanktuariums zu sehen: Der Altarraum greift in dieser Zeit weit in das Mittelschiff vor und besitzt selbst eine Art Vorhalle

74

(Abb. 72, 104). Kurz nach der Jahrhundertmitte beobachten wir, daß die Apsis durch die Installation eines Vorhanges zu bestimmten Zeiten der Liturgie vom Mittelschiff abgetrennt werden konnte. In der zweiten Hälfte des 5. Jhs. stehen sich – wie in der Kirche von Beḥyo (Abb.72) – die Schrankenanlage des Altarraumes und die des *Bemas* fast gleichwertig gegenüber: Das *Bema* hatte eine östliche Vorhalle erhalten, die der des Sanktuariums direkt gegenüberliegt. Der Einzug in das *Bema* und der Einzug in den Altarraum werden als wesentliche Elemente der Liturgie vor Augen geführt.

Eine weitere wichtige Veränderung im Ostteil der neu entstehenden wie der schon bestehenden älteren Kirchen ist der Ausbau des südlichen Altarnebenraumes zum *Martyrion*, d. h., zu dem Raum, in dem die Reliquien aufbewahrt wurden. In datierbarem Zusammenhang treffen wir diese Neuerung zum ersten Mal zwischen 460 und 470 n. Chr. bei der Weitarkadenbasilika von Qalblōze an (Abb. 104). Dort wie in allen anderen Kirchen der Antiochene (Abb. 72, 109) ist es immer der südliche Apsisnebenraum, der sich in weitem Bogen zum Seitenschiff öffnet, während es in Kirchen der Apamene der nördliche Nebenraum ist.

Viele der im *Martyrion* aufgestellten Reliquiare blieben erhalten, oft mehrere an Ort und Stelle wie bei dem *Martyrion* der Westkirche von Bāqirḥā (Abb. 73). Sie haben die Form kleiner Sarkophage – im Bergmassiv aus dem lokalen Kalkstein, in anderen Regionen aus Basalt (Abb. 74) und sind seltener aus Marmor. Im Inneren wurden in der Regel mehrere Reliquien aufbewahrt. Durch eine Öffnung im Deckel des Sarkophags konnte von den Pilgern die Flüssigkeit, meistens Öl, eingelassen werden. Sie floß an den Reliquien vorbei, wurde in einem kleinen Becken an der Stirnseite des Reliquiars aufgefangen und in Pilgerfläschchen abgefüllt.

In der zweiten Hälfte des 5. Jhs. wird bei einigen *Bemata* über dem Tisch in der Mitte der Sitzplätze eine baldachinartige Konstruktion, ein *Ciborium* errichtet (Abb. 72). Da dieses im Kalksteinmassiv in keiner Kirche den eucharistischen Altar überhöht, spricht einiges dafür, das *Ciborium* des *Bema*-Tisches im Zusammenhang mit dem Reliquienkult und d. h. im Bezug auf die Liturgie, der Verehrung der Heiligen innerhalb des Wortgottesdienstes zu sehen.

Symbolcharakter und Funktion des *Bemas* in der Liturgie

Bevor wir zur Funktion des *Bemas* und mit ihr zum liturgischen Ablauf übergehen, ist auf den Symbolcharakter dieser Anlage einzugehen.

75

Das *Bema* besitzt zwölf Sitzplätze beiderseits eines leeren Thrones, auf dem das Evangelienbuch abgelegt und manchmal ein Kreuz abgestellt werden konnte. Es ist Zentrum und Blickpunkt der Gemeinde während des Wortgottesdienstes, der im 4./5. Jh. zeitlich den größten Raum in der Liturgie einnahm und in dieser Zeit eine wesentlich größere Rolle spielte als nach dem 6. Jh. Im Blick auf das *Bema* wurde der Versammlung schon durch dessen Gesamtform bewußt gemacht, daß bei der Verkündigung und Lehre der mittlere Platz freiblieb, um zu vergegenwärtigen, daß Christus der wahre Vorsitzende der Versammlung ist und die Mitte derer einnimmt, die wie einst die zwölf Apostel dem Auftrag zur Verkündigung und Lehre nachkommen. Es ist dieser Symbolcharakter, der das *Bema* über den Ambon, die »Normalform» des frühchristlichen Lesepultes stellt, bei der eine oder zwei Treppen zu einem hoch gelegenen Podium hinaufführen. Es ist zugleich eine Anlage, die unmittelbar an Darstellungen der Lehrversammlung in Mosaik und Buchmalerei erinnert. Hätten wir nicht mit dem *Bema* der Kirche von Qaussiye und dem der Bischofskirche in Antiochias Hafenstadt Seleukia deutliche Anhaltspunkte für seine Herkunft aus der syrischen Metropole – schon der hohe Sinngehalt der Anlage würde darauf verweisen, daß sie in einem bedeutenden liturgiebildenden Zentrum ausgebildet wurde.

Wie läßt sich der liturgische Ablauf nach Aussage archäologischer und textlicher Überlieferung rekonstruieren? Die Liturgie begann mit dem Einzug des Klerus und der Gläubigen in die Kirche. Hierbei wurden Evangelium und Kreuz mitgeführt. Der Klerus zog durch die östliche Südtür ein und mit ihm zumindest ein Teil der männlichen Laien, während Frauen und Katechumenen durch das westliche Portal die Kirche betraten. Der Einzug führte nach der Beweihräucherung der Kirche entweder direkt zum *Bema*, wo das Evangelienbuch abgelegt bzw. das Kreuz abgestellt wurde, oder zuerst zum Altarraum und von dort aus ins *Bema*. Das Alte Testament verlas man von den Stufen vor dem *Bema* oder seitlich des *Bemas*, das Evangelium wohl in der Mitte des Podiums mit Wendung nach Osten. Nach den Lesungen, die von Psalmengesängen unterbrochen wurden, und nach der Predigt folgten Friedenskuß und Handwaschung, die den Wortgottesdienst beendeten. Daß die Handwaschung des Klerus tatsächlich auf dem *Bema* stattfand, legt der Befund einiger Beispiele nahe, bei denen eine Zisterne in der Mitte oder westlich vor dem Podium installiert wurde.

Während der Handwaschung gingen die Diakone zum nördlichen Apsisnebenraum, um die hlg. Gaben vorzubereiten. Zu Beginn der Eucharistie zogen Priester und Diakone mit Kreuz und Evangelium in den Altarraum ein und legten diese auf dem Altartisch nieder. Sicher ist, daß die Vorhänge des Sanktuariums vor der Darbringung der Heiligen Gaben geöffnet wurden. Und ebenso sicher ist, daß vor der Kommunion der Gläubigen die Trennung von West- und Ostteil der Kirche durch das Öffnen der Vorhänge und Schranken bei Mittelschiff und Seitenschiffen aufgehoben wurde. An dieser Stelle ist es sinnvoll, die einzige westsyrische Quelle späterer Zeit, die in der ersten Hälfte des 6. Jhs. auf syrisch verfaßte Beschreibung einer Kathedralliturgie im *Codex Rahmani*, zu zitieren. Sie berichtet: «Während der Lesungen hält sich der Bischof auf seinem Thron auf, die Presbyter sind auf ihren Plätzen. Am Ende der Lesungen nimmt der Archidiakon das Evangelium, das auf dem Altar niedergelegt war, geht vor und ruft, während er einzieht; «Katechumenen geht hinaus, die Türen, die Türen...» Und die Vorhänge und Türen werden geschlossen, und Wasser für die Handwaschung wird zum Bischof und zu den Priestern gebracht. Und sie ziehen zum Altarraum und stehen vor dem Altar. Und unmittelbar danach stimmen die Sänger das Halleluja an, Und wenn sie vor den Türen des Allerheiligsten ankommen (gemeint sind die Hlg. Gaben), werden die Vorhänge geöffnet. Und wenn die Gaben auf dem Altar niedergelegt sind, sprechen alle gemeinsam das «Credo».

Dies ist die Schilderung des liturgischen Ablaufs in einer Bischofskirche, übertragbar auf den Bau des späten 5. Jhs. von Seleukia. Der Text besagt nicht, daß der Bischof den ganzen Wortgottesdienst hindurch auf dem *Bema* saß, doch befindet er sich zumindest am Ende desselben dort, zieht von dort aus in den Altarraum ein, und auch der Einzug des Evangeliums in das Allerheiligste geht vom *Bema* aus. Die Parallelen zu den Dorfkirchen des Bergmassivs mit ihrem einfachen Klerus sind eng. Obwohl es dort keine halbkreisförmige Sitzbank mit Bischofsstuhl in der Apsis und eine wesentlich geringere Zahl von Sitzbänken für den Klerus als auf dem *Bema* der hlg. Kreuz-Kirche von Resāfa gab, kommentieren und ergänzen die Elemente der erhaltenen *Bemata* und die Ausbildung des Altarraum und seiner Nebenräume die Überlieferung der liturgischen Quellen.

Im 6. Jh. ist ein Wandel zu beobachten. In einigen Kirchen des Bergmassivs wird das *Bema* durch einen *Ambon* (Kanzel) ersetzt und in neu entstehenden Kirchen treffen wir das *Bema* nicht mehr an. Es spricht also einiges dafür, daß in Ostsyrien über das 6. Jh. hinaus an einer liturgischen Einrichtung festgehalten wurde, die im Laufe des 6. Jhs. in Antiochia aufgegeben worden war.

Abb. 75 Ruweiḥa, Bemakirche (erste Hälfte 5. Jh.), Ansicht von Südwesten.

Die südliche Region des Bergmassivs

Sakral- und Profanarchitektur im späten 4. und im 5. Jh. n. Chr.

Die südliche Region des Kalksteinmassivs war mit Ausnahme weniger Orte verwaltungsmäßig Apamea zugeordnet. Trotz aller Gemeinsamkeiten unterscheidet sich der architektonische wie epigraphische Befund des Ǧebel Zāwiye erheblich von dem der mittleren und nördlichen Regionen. Nur in den Orten, die verwaltungsmäßig Antiochia zugeordnet waren, begann der Kirchenbau wie im Ǧebel Sim'ān mit der Säulenarkadenbasilika, und nur in diesen Bauten wurde bis jetzt ein syrisches *Bema* aufgefunden. Dagegen trugen in El Bāra, dem Hauptort der Apamene, schon die Säulen der ältesten Kirche Architrave, und alle drei Basiliken des 5. Jhs. sind zweigeschossig.

Sowohl die eingeschossige Kirche mit Säulenarkaden wie die Emporenbasilika mit Säulenkolonnaden im Unter- und Säulenarkaden im Obergeschoß wurden in den großen Städten entwickelt und von dort aus in das Bergmassiv eingeführt. Mit der Entscheidung für Säulenarchitrave und Emporen im Zentrum El Bāra wurden schon früh die Weichen für eine Entwicklung gestellt, die der Kirchenarchitektur der Apamene eine eigene Prägung gab.

So treffen wir zum Beispiel in den Nachbarorten El Bāras im Inneren derjenigen Kirchen, die von lokalen Werkstätten errichtet wurden, eine eigenartige Konstruktion an: Die Säulen tragen keine Arkaden oder Architrave, sondern «arcuated lintels», architravähnliche Elemente mit bogenförmig ausgearbeiteter Unterseite (Abb. 87). Optisch gleicht sich diese Sonderform der Säulenarkade an, konstruktiv entspricht sie dem Säulenarchitrav.

Während in den Kirchen der Antiochene die intensive Auseinandersetzung mit den konstruktiven Anforderungen der Säulenarkaden-Hochwand das 4. Jh. bestimmte, hielten die lokalen Werkstätten der Apamene das ganze 5. Jh. hindurch an dem konstruktiv vereinfachenden Element der «arcuated lintels» fest und reduzierten damit die konstruktiven Probleme der Arkadenhochwand.

Noch ein weiterer Aspekt trennt die ältesten Kirchenbauten des Ǧebel Zāwiye von denen der nördlichen und zentralen Regionen: Es fehlt der Einfluß der Hausarchitektur, der noch bei den Markianosbauten den Akzent auf die Südseite als Haupteingangsseite legte. Im Süden ist die Westfassade also nicht geschlossen, sondern weit geöffnet und der Südseite deutlich übergeordnet.

In fast allen Siedlungen des Ǧebel Zāwiye blieb eine große Anzahl von Häusern außerordentlich gut erhalten. Die großzügig angelegten Wohn-/Wirtschaftsgebäude mit der perfekten Quadertechnik ihres Mauerwerks, der aufwendigen Gestaltung ihrer Fassaden und ihren monumentalen Hofeingängen sind so beeindruckend, daß H. C. Butler und G. Tchalenko für sie den etwas mißverständlichen Begriff «Villa» einführten. Die Häuser folgen jedoch demselben Grundtypus wie die der anderen Regionen des Bergmassivs und unterscheiden sich hier wie dort klar vom Wohnhaus (Peristylhaus) der nordsyrischen Städte.

Aus mehreren Gründen ist es schwer, die Anfänge im Kirchen- und Hausbau des Ǧebel Zāwiye zu rekonstruieren: Von den 1595 Hausfassaden, die G. Tate inventarisierte, wurden die 471 n. Chr. in dem älteren Doppelmauerwerk errichteten, unter denen zweifellos die ältesten Bauten jedes Ortes zu finden sind, nicht untersucht. Sie sind schlechter erhalten als die in orthogonalem Mauerwerk und d. h., aus sorgfältig bearbeiteten und regelmäßig verlegten Quadern errichteten, zu denen die Mehrheit der Häuser des 5. und 6. Jhs. gehörte.

Bis in jüngste Zeit wurde die Einführung des orthogonalen Mauerwerks immer nach einem Haus in Ruweiḥa rekonstruiert, dessen Entstehungszeit durch die Jahreszahl seiner Hoftür auf das Jahr 396 n. Chr. festgelegt zu sein schien. Die Lesung dieser Inschrift ist jedoch zu korrigieren und das bedeutet,

76

Abb. 76 Ruweiḥa, Ansicht der Südarkaden mit Blick zur Apsis.

daß bis jetzt kein Hausbau des 4. oder des frühen 5. Jhs. im Ǧebel Zāwiye inschriftlich datiert ist.

Hinzukommt, daß bis jetzt noch keine in Stein gearbeitete Inschrift gefunden wurde, die eine Kirche des 4. oder 5. Jhs. datiert und den leitenden Architekten oder Angehörige des Klerus nennt, – der Kontrast zu der reichen Überlieferung in den Bauten des Ǧebel Sim'ān und Bārīšā könnte nicht größer sein.

Der Negativbefund beruht zum Teil darauf, daß Inschriften des öfteren aufgemalt wurden und folglich schlechter erhalten sind. Ein weiterer Grund ist wahrscheinlich in der Situation der Fußbodenmosaiken zu suchen, die, wie wir sehen werden (s. S. 57 f.), im Ǧebel Zāwiye eine weitaus größere Rolle spielten als in den zentralen und nördlichen Regionen. Ihre Inschriften nennen in der Regel die Kleriker und Privatpersonen, die für die Ausführung und Finanzierung der Mosaiken zuständig waren und geben darüberhinaus die Entstehungszeit und spätere Renovierungen der Mosaikausstattung an. Selten erfahren wir in ihnen etwas über den Bau selbst. Damit erhebt sich die Frage, welche Bedeutung in der Apamene den Mosaikinschriften im Gegenüber zu den in Stein gearbeiteten Bauinschriften zukam (dazu s. S. 58).

Zu den hier einleitend genannten Unterschieden zwischen der südlichen Region auf der einen, den mittleren und nördlichen Regionen auf der anderen Seite kommt noch ein weiterer Gegensatz, der sich dem heutigen Besucher bei einem Rundgang durch die Orte erschließt: Im Ǧebel Zāwiye ist der Bestand der Kirchen wesentlich niedriger als in den anderen Regionen, – sehen wir einmal ab von der besonderen Situation im Zentrum El Bāra. Mehr als eine Siedlung mit opulenten Hausbauten und ohne weitgehende Zerstörung durch Nachbesiedlung in Mittelalter und Neuzeit (zum Beispiel Serǧilla, Ǧerāde, Šinšaraḥ) besitzt nur eine Kirche, die mehrfach umgebaut und erweitert wurde. Die aufwendigen Profanbauten stehen hier in so seltsamem Kontrast zu den Kirchenbauten, daß sich der Eindruck aufdrängt, im Zentrum der Bautätigkeit habe die Hausarchitektur gestanden. Hinzu kommt, daß die Klosterbauten dieser Region in ihrer Gesamtzahl weit unter denen der Antiochene liegen und sich auf die Umgebung von El Bāra konzentrieren.

Die hier skizzierte Forschungs- und Überlieferungssituation im Ǧebel Zāwiye läßt erkennen, daß die zeitliche Einordnung der Bauten schwieriger ist als in den Kerngebieten der Antiochene. Ich werde im folgenden zuerst einen Ort der Antiochene und dann das Zentrum El Bāra und zwei seiner Nachbarorte vorstellen. Im Mittelpunkt werden die ältesten Kirchenbauten des 5. Jhs. stehen, da in ihnen die Zusammenarbeit städtischer mit lokalen Werkleuten zu fassen ist. Wir werden sehen, daß die Rekonstruktion des Werkstattbetriebs auch in der südlichen Region grundlegend für die Chronologie der Haus- und Kirchenbauten ist.

77

Ruweiḥa und seine älteste Kirche

In diesem Ort der Antiochene mit seinen beiden Kirchen und circa hundert Hausbauten ist das Gesamtbild der Mauertechnik weniger breit aufgefächert als im Norden. Es gibt hauptsächlich zwei Kategorien: Bauten in altertümlichem Doppelmauerwerk mit grob bearbeiteten, unregelmäßig verlegten Quadern und einfaches orthogonales Mauerwerk, das bei dem größten Teil der Bauten in gleichmäßigen, horizontalen Quaderschichten aufgeführt ist (Abb. 4, 91, 92, 123).

Das gut erhaltene Tempelgrab von Ruweiḥa – im 3. Jh. erbaut und 384/5 n. Chr. wiederhergestellt – läßt darauf schließen, daß der Ort im 4. Jh. zumindest von einigen Familien bewohnt war. Aufgrund fehlender Untersuchungen muß jedoch vorläufig offenbleiben, ob die intensivere Besiedlung christlicher Zeit schon in der ersten oder erst in der zweiten Hälfte des 4. Jhs. begann.

Durch die Übernahme der Säulenarkaden-Basilika ist Ruweiḥa eng mit den zentralen und nördlichen Regionen der Antiochene verbunden, und dennoch ist die Datierung der ersten Kirche schwierig. Die elegante Silhouette des im Aufriß gut erhaltenen Baus (Abb. 75.76) läßt schon im Äußeren eine eigenartige Mischung von retardierenden und fortschrittlichen Zügen erkennen, und der Innenraum (Abb. 76) bestätigt diesen Eindruck: Perfekte Technik des Mauerwerks, aber Rechteckfenster in der Arkadenhochwand; allereinfachste Türen ohne Ornament in der Nord- und Südfassade, aber klare Hervorhebung der westlichen Eingangsseite, wie wir sie im Norden erst in der Julianoskirche vorfanden; äußerst einfache Gestaltung der Apsis, ohne jedes Ornament, aber mit Apsisinnengesims, das im Norden erst gegen 420 n. Chr. auftritt.

Der Ort gehört zur Antiochene, doch für das große Thema des 4. Jhs. im Ǧebel Sim'ān, den Einfluß der Hausarchitektur auf die ältesten Kirchen und die schrittweise Überwindung der Probleme bei der Konstruktion der ersten Säulenarkaden-Hochwände, gibt es keine Parallele. Hinzukommt, daß sich unter den Häusern Ruweiḥas, die einigermaßen sicher dem 4. Jh. n. Chr. zugewiesen werden können, kein Bau mit so professionell aufgeführtem Mauerwerk findet. Die Frage ist also, woher die mit viel Erfahrung arbeitende Werkstatt kam.

Weder die Kapitelle noch die Türen finden direkte Parallelen in den ältesten Kirchen der Antiochene. Es sind die fortschrittlichen Einzelzüge der Gesamtkonstruktion und eine sehr interessante Kapitellform, das Konsolenkapitell (Abb. 76, 79), die für eine Entstehung der Kirche circa 420/30 n. Chr. sprechen. Die Geschichte des Konsolenkapitells führt uns nach El Bāra.

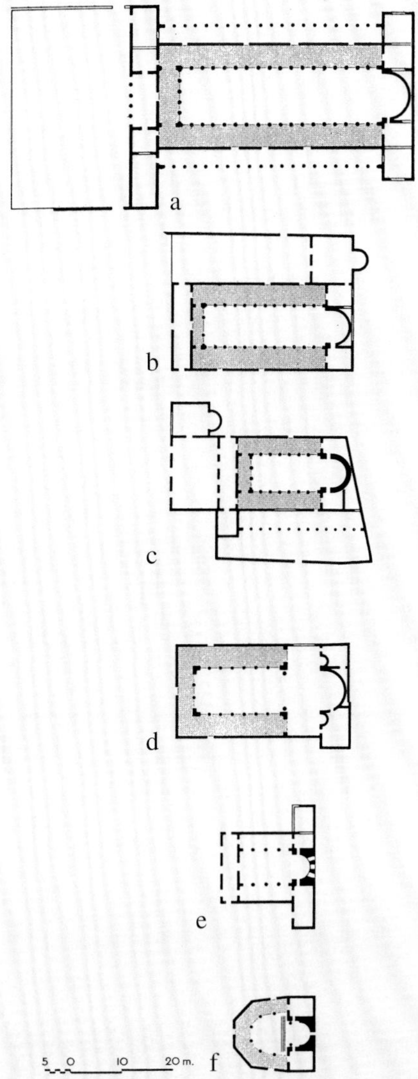

78

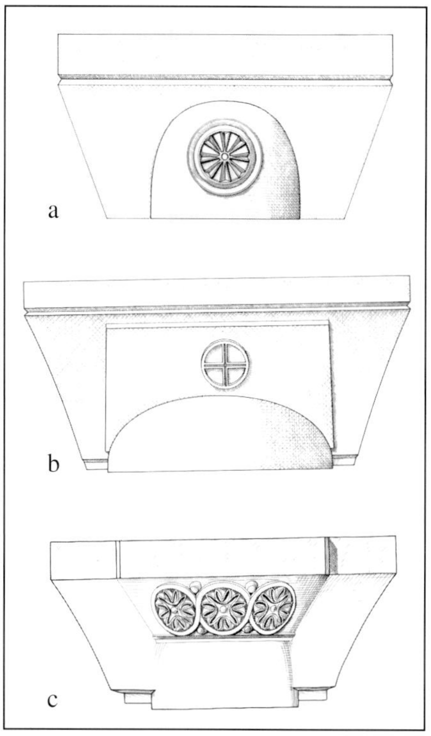

79

80

Abb. 77 El Bāra, Ortsansicht, im Vordergrund Weinanbau.

Abb. 78 a–f El Bāra. Grundrisse der Kirchen des 5./6. Jhs. (a–e); Muğleyya, Grundriß des oktogonalen Baus aus dem 6. Jh. (f).

Abb. 79 a–c Konsolenkapitelle der Kirchen des 5. Jhs. in El Bāra: a) Älteste Kirche (78 c, Höhe 55 m, unterer Durchmesser 47 cm); b) El Ḥoṣn (78 a, Höhe 57 cm; unterer Durchmesser 69 cm) und c) Oktogon von Muğleyya (78 f, Höhe 52 cm, unterer Durchmesser 46 cm).

Abb. 80 Ǧerade, Ansicht der Pfeilerportiken mit einfachen Konsolenkapitellen westlich von Haus 5.

El Bāra, Zentrum der Apamene, und seine älteste Kirche

El Bāra, das antike Kapropera, war verwaltungsmäßig das Zentrum der Apamene (Abb. 77) und zugleich der einzige Ort des Ǧebel Zāwiye mit städtischem Charakter. In seiner überragenden Stellung ist er Brād im Ǧebel Sim'ān vergleichbar, gewinnt aber im Laufe des 5. Jhs. n. Chr. eine Bedeutung, die über die des nördlichen Zentrums entschieden hinausführt. Die Geschichte von El Bāra läßt sich bis jetzt nicht über die zweite Hälfte des 4. Jhs. zurückverfolgen – ob eine ältere Siedlung an der Stelle des heutigen Ortes lag, ist ganz offen. Der Wohlstand El Bāras basierte auf der Ölbaumkultur sowie dem Wein- und Getreidanbau. Monumentale Ölpressen im Ortszentrum bezeugen die industrielle Produktion von Olivenöl, und von den noch heute hervorragenden Weintrauben des Ortes (Abb. 77) sprechen Inschriften des 5. Jhs. Das Besondere der Situation dieses Zentrums in der ersten Hälfte des 5. Jhs. ist am klarsten in seinen drei ersten Kirchen zu fassen (Abb. 78 a–c): Auf den ältesten, in der Konstruktion und Dekoration verhältnismäßig einfachen Sakralbau (Abb. 78 c) folgen zwei Großbauten, die weit über ihn hinausführen. Für die außerhalb der Stadt gelegene Kirche «El Ḥoṣn» (Abb. 78 a) und die Gemeindekirche im Ortszentrum (Abb. 78 b) wurden städtische Werkleute und Architekten herangezogen. Für die Errichtung beider Bauten waren erhebliche finanzielle Mittel erforderlich. Das kann nur bedeuten, daß El Bāra zwischen circa 400 und 470 n. Chr. ein großes Wachstum erlebte und mit seinen landwirtschaftlichen Produkten – Wein, Oliven, Getreide – einen Überfluß erwirtschaftete, der die intensive Bautätigkeit in der Sakral- wie Profanarchitektur ermöglichte. Die älteste Kirche wurde circa 400 n. Chr. errichtet und im Laufe des 5./6. Jhs. mehrfach umgebaut und erweitert (Abb. 78 c). Trotz des großen Kontrastes ihrer einfachen Architektur- und Dekorationsformen zu den auf sie folgenden Kirchen des 5. Jhs. ist sie doch durch die Architravkonstruktion im Inneren und die Emporen eng mit ihnen verbunden. Es sind die Säulenkolonnaden und ihre Leitform, das Konsolenkapitell (Abb. 79), die schon in der ersten Hälfte des 5. Jhs. dem Verhältnis der Kirchen- zur Hausarchitektur einen besonderen, dem Befund der zentralen und nördlichen Regionen nicht direkt vergleichbaren Charakter verleihen.

Das Konsolenkapitell ist der dominierende Kapitelltypus in der ältesten Kirche El Bāras (Abb. 79 a). Es erscheint dort in seiner stereotomen Ausgangsform, bei der sich Säulenzylinder und Konsolen direkt durchdringen und erfährt im 5./6. Jh. eine Weiterbildung, die wir in allen Schritten verfolgen können. Am Ende sind die Konsolen nur noch Attribute voll ausgebildeter toskanischer, ionischer oder korinthischer Kapitelle, die sich auch in der Deckplattenform voneinander gelöst haben (Abb. 79 c).

Um die besondere Stellung dieses Kapitelltypus im Ğebel Zāwiye verstehen zu können, muß man sich vergegenwärtigen, daß seine Ursprungsform immer eng mit der Architravkonstruktion verbunden war (Abb. 80), und auch nach der Weiterbildung im 5./6. Jh. in allen Regionen des Bergmassivs Hauptform der Pfeilerkolonnade blieb. Umso mehr fällt auf, daß das Konsolenkapitell bei den Hausportiken der zentralen und nördlichen Regionen zwar häufiger vorkommt, aber keine dem Ğebel Zāwiye vergleichbare Rolle spielte, obwohl dort bis in das 6. Jh. hinein die Pfeilerstellung im Untergeschoß der Hausportiken vorherrschte (Abb. 124, 126, 127). Dies zeigt deutlich, daß der Anstoß für die ausgedehnte Verwendung dieses Kapitelltypus in der Profan- und Sakralarchitektur des Ğebel Zāwiye von den Kirchenbauten ausging.

In der Kirche von Ruweiḥa wurden die aus den beiden ältesten Kirchen El Bāras bekannten Formen des Konsolenkapitells in die Arkadenkonstruktion übernommen und dort mit anderen Kapitelltypen kombiniert (Abb. 76), für das Gemeinschaftshaus in Serğilla dagegen wurden ausschließlich Konsolenkapitelle gearbeitet (Abb. 22). Der eine wie der andere Befund wiederholt sich in zahl-

81

Abb. 81 El Bāra, Kirche des 5. Jhs. (Abb. 78 b). Ansicht des Inneren, Blick nach Osten.

Abb. 82 a–c El Bāra, Kapitelle der Kirche des 5. Jhs. (78 b): a) Korinthisches Kapitell mit windbewegtem Akanthus aus dem Obergeschoß; b) Korinthisches Kapitell mit Girlanden aus dem Obergeschoß; c) Korinthisches Kapitell mit glattem Akanthus aus dem Untergeschoß.

Abb. 83 El Bāra, El Ḥoṣn, Ausschnitt aus dem Architrav mit bevölkerten Ranken im Untergeschoß der Kirche.

Abb. 84 El Bāra, Gemeindekirche 5. Jh. (78 b). Westtür der westlichen Vorhalle, Ausschnitt mit Resten der farbigen Fassung.

82a

82b

82c

reichen Häusern des Ğebel Zāwiye: Das Konsolenkapitell gehört einmal mit anderen Kapitellformen zusammen zu einer Säulenreihe und ist ein andermal Hauptform eines ganzen Geschosses – Beispiele für die besondere Situation von Haus- und Kirchenarchitektur im Ğebel Zāwiye.

Für unsere Fragen nach dem Verhältnis zwischen Profan- und Sakralarchitektur und nach der Entwicklung der einzelnen Orte bleiben wir vorläufig in El Bāra. In den großen Kirchen des 5. Jhs. treffen wir auf Werkgruppen des städtischen Bereichs, die auch in dieser Region mit ihrer Tätigkeit das Gesamtbild grundlegend veränderten.

83

Die großen Kirchen des 5. Jhs. in El Bāra

Die größere der beiden doppelgeschossigen Kirchen liegt außerhalb des Ortes, extra muros. Ihre mittelalterliche, auf der ehemaligen *Temenos*-Mauer errichtete Einfassung gab ihr den Namen El Ḥoṣn (Abb. 78 a). Die El Ḥoṣn, die in ihren Maßen (56 m lang, 29,50 m breit) die Julianoskirche von Brād übertrifft, war, wie ihre Lage außerhalb der Siedlung vermuten läßt, wahrscheinlich eine Pilgerkirche. Mit der zweiten Kirche, im Stadtinneren gelegen (Abb. 78 b), ist sie aufs engste verbunden, weil ein großer Teil der überaus reichen Baudekoration von denselben Werkleuten gearbeitet wurde: Architektur und Dekorationsformen führen in beiden Bauten zum städtischen Bereich, aus dem zweifellos der leitende Architekt kam.

Wer sich die Mühe macht, in El Bāra vor der Besichtigung dieser höchst eindrucksvollen Bauten die unscheinbare ältere Kirche aufzusuchen (Abb. 78 c), wird sich ein Bild machen können von den großen Veränderungen, die die Tätigkeit einer Werkstatt aus dem städtischen Bereich für das Zentrum El Bāra mit sich brachte. Wir werden einer vergleichbaren Situation in den zentralen und nördlichen Regionen bei und nach der Errichtung der Pfeilerbasilika von Qalblōze sowie des Pilgerzentrums von Qal'at Sim'ān begegnen. Die tiefgreifenden Veränderungen im Gesamtbild der Haus-, Grab- und Kirchenbauten werden hier wie dort von der Zusammenarbeit städtischer mit lokalen Werkleuten eingeleitet.

In den großen Kirchen, deren ältere wohl schon vor 450 n. Chr. im Bau war und die beide vor 470 n. Chr. fertiggestellt wurden, trugen die Säulen im Untergeschoß Architrave, im Obergeschoß Arkaden. Wir finden dafür Paral-

84

85a

85b

86a

86b

lelen in der Hauptstadt Konstantinopel, der Befund im Kircheninneren führt also weit über Syrien hinaus. Speziell syrisch dagegen sind die Auswahl und Ordnung der Kapitelle: Im Untergeschoß der El Ḥoṣn Konsolenkapitelle (Abb. 79 b), im Obergeschoß Varianten des detailliert ausgearbeiteten korinthischen Kapitells (Abb. 82 a, b); in der zweiten Kirche (Abb. 81) korinthische Kapitelle in beiden Geschossen: Die unteren sind glatt, die oberen detailliert ausgearbeitet (Abb. 82 a–c).

Charakteristika der Gesamtkonstruktion sind die klare Betonung und aufwendige Gestaltung der Westseite (Abb. 78a.b): die halbrunde Apsis mit zwei Nebenräumen und gerade abschließender Ostwand; die durch Türen geschlossenen, nicht durch einen Bogen, als *Martyrion*, zum Seitenschiff hin sich öffnenden Nebenräume der Apsis.

Die Gestaltung der Westseite ist bei beiden Kirchen noch zu klären – sie war aufwendig und bei der El Ḥoṣn vielleicht durch eine Zweiturmanlage akzentuiert. Leider ist auch über das liturgische Mobiliar nichts bekannt, da bei beiden Bauten das Innere Berge eingestürzter Quader füllen (Abb. 81).

Von der älteren Kirche kommend verblüffen den Besucher des Ortes die Perfektion des Mauerwerks und das überaus reiche Programm der mit großem Können ausgearbeiteten Kapitelle, Türen und Architrave (Abb. 82–85). In geübter Ausarbeitung spiegeln sie die im städtischen Bereich verankerte Wiederaufnahme und Weiterbildung antiker Formen wider. Farbreste auf Kapitellen, Türen und Gesimsen zeigen, daß die Dekorationsformen farbig gefaßt waren (Abb. 84). Zudem war Malerei auf Stuck ein wichtiges Element im Gesamtbild der Innenausstattung. Dies ist ein selten so klar dokumentierter und bei der Betrachtung oft vernachlässigter Aspekt der antiken Baudekoration. Besonders eindrucksvoll sind die korinthischen Kapitelle mit windbewegten Blättern (Abb. 82 a, 89), bei denen sich die Blätter wie von heftigem Seitenwind umgeweht auf einer Seite vom Kapitellgrund lösen. Sie blieben im Bergmassiv in vielen hervorragenden Beispielen erhalten, wurden mit den für Qal'at Sim'ān gearbeiteten Exemplaren berühmt und sind gleichsam die Leitform syrischer Baudekoration (Abb. 120, 121). Die wenigen Exemplare, die in der Hafenstadt Antiochias und in Beröa (Aleppo) erhalten blieben (Abb. 120 b), dokumentieren, daß diese Kapitellform römischer Zeit in den Städten weitergebildet und von dort in das Bergmassiv eingeführt wurde. Die höchst lebendig und differenziert ausgearbeiteten Kapitelle in El Bāra (Abb.

Abb. 85 a.b El Bāra, Kirche 5. Jh. (78 b): a) Westtür der westlichen Vorhalle, Arbeit eines städtischen Steinmetzen; b) Nordtür der Westfassade, Arbeit eines lokalen Steinmetzen.

Abb. 86 a.b El Bāra, El Ḥoṣn, a) Ausschnitt aus dem Sturz der Nordtür der Westfassade mit Flechtbanddekor; b) Serǧilla, Haus 9, Portikuskapitell mit Flechtbanddekor.

Abb. 87 Muǧleyya, Kirche zweite Hälfte 5. Jh., «arcuated lintels»: Architravähnliche Blöcke mit bogenförmigem Ausschnitt auf der Unterseite. Dieses Bauelement bedingt eine enge Säulenstellung.

Abb. 88 Deir Sambul, Kirche zweite Hälfte 5. Jh., Ansicht des Innenraumes nach Westen mit den windbewegten korinthischen Kapitellen der inneren Säulenstellungen in Sturzlage.

82 a) sind die ältesten Stücke dieses Kapitelltypus aus frühbyzantinischer Zeit.

Zusammen mit den großartigen Westtüren der etwas späteren der beiden Kirchen (Abb. 84, 85) geben die Säulenkapitelle einen Ausschnitt aus der Produktion der großen nordsyrischen Städte in der ersten Hälfte des 5. Jhs., der die Aussage der in die Kirchen von Brād und Bābisqā eingegangenen Dekorationsformen erweitert. Blicken wir zurück zu den Kirchen von Brād und Bābisqā, so wird bewußt, daß in El Bāra das korinthische Kapitell sowie Akanthusfriese und Blattranken im Mittelpunkt stehen, die im Norden nur vereinzelt auftraten und innerhalb der lokalen Werkstätten nur von wenigen Steinmetzen beherrscht wurden. Die aufwendigste Form, das Kapitell mit windbewegtem Akanthus, ist in den dortigen Bauten vor Qal'at Sim'ān nicht vertreten.

Auch in den beiden großen Kirchen El Bāras wurden aufwendige korinthische Dekorationselemente von lokalen Steinmetzen nicht beherrscht und es treten Einzelformen auf, die zur lokalen Tradi-

87

88

tion dieser Region gehören. Von großer Aussagekraft ist hier nicht nur der Kontrast zwischen den Blattfriesen der nebeneinander sitzenden Westtüren (Abb. 85 a.b), sondern das Gesamtbild der Baudekoration. In ihm treffen wir auf Gesimsformen und Ornamente lokaler Tradition wie Varianten des Flechtbandes (Abb. 86), die nicht nur zur Kirche von Ruweiḥa zurückführen, sondern zugleich Hauptformen der Hausarchitektur des gesamten 5./6. Jhs. n. Chr. bleiben. Wir werden sehen, daß das Gesamtprogramm der großen Kirchen El Bāras tiefgreifend das Gesamtbild in den Orten des Ǧebel Zāwiye prägte und – bei allen Gemeinsamkeiten – bis weit in das 6. Jh. n. Chr. hinein die Haus-, Grab- und Kirchenbauten der südlichen von denen der zentralen und nördlichen Regionen trennt.

Die Kirchen von Muğleyya und Deir Sambul

Einen ersten Einblick in die Situation nach Fertigstellung der Arbeiten in El Bāra geben die Kirchen der Nachbarorte, unter denen ich die in das letzte Viertel bzw. die letzten Jahrzehnte des 5. Jhs.

89

90b

◁ 90a

91

Abb. 89 Deir Sambul, Kirche zweite Hälfte 5. Jh., Korinthisches Kapitell mit windbewegtem Akanthus aus dem Südschiff, Rekonstruktionszeichnung. Maße: unterer Durchmesser 66 cm, Höhe 68 cm.

Abb. 90 a.b Muğleyya, Kirche zweite Hälfte 5. Jh., Korinthische Säulenkapitelle des Inneren: a) Modellkapitell; b) Arbeit eines lokalen Steinmetzen

Abb. 91 Šinšarāḥ, Haus 5. Jh. Hausfassaden mit Horizontalgesims im Ostteil, ohne Gesimse bei den beiden westlich anschließenden Hausteilen.

Abb. 92 Serğilla, Haus 17 und 18, Ansicht von Süden. Das höher gelegene Haus Nr. 18 mit seiner teilweise noch stehenden doppelgeschossigen Säulenvorhalle ging zeitlich dem Haus Nr. 17 voraus, wie die westlichen Außengesimse seiner Vorhalle und seines Hausgiebels zeigen. Die reich profilierten Türen und Fenster bei Haus Nr. 17 sind charakteristisch für eine Gruppe von Häusern des 6. Jhs.

Abb. 93 Serğilla, Haus 17, Tür mit Akanthusfries im Untergeschoß der Südfassade.

n. Chr. führenden Bauten von Muğleyya und Deir Sambul auswähle.

Erstaunlich ist die Mischung von retardierenden und fortschrittlichen Zügen in der Gesamtkonstruktion aller drei Bauten: In Muğleyya ist die Säulenstellung weiterhin eng, weil die Säulen nicht Arkaden, sondern die architravähnlichen «arcuated lintels« tragen (Abb. 87). Zum ersten Mal treffen wir bei einem Bau der Apamene den nördlichen Apsisnebenraum als *Martyrion* ausgebaut an, und Türen wie Gesimse haben sich – bereichert durch die Wiederaufnahme einer antiken Gesimsform, des schweren Wulstprofils – verändert.

In Deir Sambul blieb die einzige bis jetzt bekannte Kirche mit ausschließlich windbewegten Kapitellen reichster Form erhalten (Abb. 88, 89). Sie tragen dort nicht Architrave, sondern eine Arkadenhochwand mit reich profilierten Fenstern. Jeden, der die großen Kirchen El Bāras und auch nur eine der wesentlich älteren Markianoskirchen gesehen hat, verwundern jedoch die archaischen Proportionen der Kirche und die Tatsache, daß hier noch im fortgeschrittenen 5. Jh. nicht Rundbogenfenster, sondern einfache Mauerschlitze in den noch stehenden Außenwänden für die karge Beleuchtung der Seitenschiffe sorgen.

Den Kommentar für diesen Kontrast zwischen Außen- und Innenbau liefern auch hier die Kapitell-, Tür- und Gesimsformen, mit denen sich die Zusammensetzung der Werkstatt rekonstruieren läßt: Die Kapitelle in Deir Sambul (Abb. 88, 89) finden nur in den Kirchen El Bāras und im Pilgerzentrum Qal'at Sim'ān ihre Parallelen und sind zweifellos die Arbeit städtischer Werkleute. Die Ausführung der Gesamtkonstruktion sowie einiger Elemente der Baudekoration, die weitaus weniger Schulung erfordern, lagen dagegen in den Händen lokaler Werkleute. So führen zum Beispiel die Türen der Fassaden als lokale Arbeit einerseits zu der auf die Jahre um 486 n. Chr. datierten Photioskirche von Ḫūarte, deren Mosaiken hier noch vorzustellen sind (s. u. S. 55 ff.), und andererseits zu Haus- und Grabbauten des ausgehenden 5. Jhs. im Ğebel Zāwiye: In Deir Sambul arbeiteten also städtische und lokale Werkleute zusammen.

92

93

In Muğleyya ist der Befund nicht weniger interessant: Auch hier sind es die immer am meisten Schulung fordernden Säulenkapitelle, bei denen wir die Zusammenarbeit von lokalen und städtischen Werkleuten fassen: Für jede der Kapitellvarianten wurde ein Modell von einem äußerst geübten Steinmetz gearbeitet (Abb. 90a), das dann die lokalen Werkleute recht und schlecht nachbildeten (Abb. 90b), und der Abstand zwischen Vorbild und Nachbildung ist sehr groß.

Wollen wir die Vorgänge in der Werkstatt von Muğleyya rekonstruieren, so führt uns dies zu den Hausbauten des Ortes selbst und seiner Nachbarorte: Dort finden wir für die Konsolenkapitelle der westlichen Vorhalle, die Akanthusfriese der Fassadentüren und für alle über die reine Konstruktion hinausführenden Einzelformen – die Kapitelle der Säulenstellung im Kircheninneren ausgenommen-direkte Parallelen in der Hausarchitektur. Das heißt, der Abstand zwischen der Kirche und der Profanarchitektur am gleichen Ort ist so gering, daß wir bei der Datierung einzelner Häuser mit der Kirche einen festen Ausgangspunkt haben.

Geometrische und figurale Ornamentsysteme

Fußbodenmosaiken in der Apamene

Als Howard Crosby Butler 1899 bei seiner Aufnahme der Thermen von Serğilla im Hauptraum ein Fußbodenmosaik freilegte, konnte er nicht ahnen, daß dieses schon kurze Zeit später vollständig zerstört sein würde. Jeder Archäologe, der heute im Bergmassiv arbeitet, weiß, daß ein neu aufgedecktes Mosaik verloren ist, wenn es nicht sofort ins Museum kommt, sondern an Ort und Stelle bleibt. Zum Glück werden von seiten der Syrischen Antikenkommission seit Jahrzehnten große Anstrengungen unternommen, um neu aufgedeckte Mosaiken zu erhalten. Der heutige Besucher des Bergmassivs wird in den Museen von Aleppo, Damaskus und Ma'aret en Nom'ān die Mosaiken besichtigen können, die im Ğebel Zāwiye selbst oder in seiner unmittelbaren Nachbarschaft gefunden wurden. Bei einem Besuch Apameas wird der Zusammenhang zwischen den Mosaikausstattungen in Bauten der Apamene und denen der zweitgrößten syrischen Stadt direkt greifbar.

Im Kalksteinmassiv gab es keine Mosaikwerkstätten. Wenn also ein Bau ein Fußbodenmosaik erhalten sollte, dann wurde mit dieser Arbeit eine Werkstatt der großen nord- oder mittelsyrischen Städte beauftragt, die dann die Arbeiten an Ort und Stelle ausführte. Die Mosaikausstattungen führen stilistisch wie ikonographisch immer in einen weiten Zusammenhang, d. h., sie haben nicht nur in den nordsyrischen Städten ihre Parallelen, sondern ebenso in Süd- und Ostsyrien.

94

Rayān

Beginnen wir mit dem Fußbodenmosaik der Kirche von Rayān (Abb. 94), deren *Bema* schon bei der Diskussion des liturgischen Mobiliars kurz vorgestellt wurde. Der Ort Rayān, 5 km nordöstlich von Ma'arret en Nom'ān und somit in der östlichen Peripherie des Bergmassivs gelegen, war verwaltungsmäßig Antiochia zugeordnet. Die Inschrift seiner Kirche nennt einen Bischof, Rayān war jedoch nicht Bischofssitz und unterschied sich damit nicht grundlegend von den Siedlungen des Kalksteinmassivs.

Die Hauptinschrift des Mosaikbodens enthält kein Datum. Wir können jedoch rekonstruieren, daß die ältesten Teile der

Abb. 94 Rayān, Kirche 4. Jh., Fußbodenmosaik, Damaskus, Nationalmuseum.

Abb. 95 Hama (Epiphania), Kirche 5. Jh., Fußbodenmosaik (416 n. Chr.).

Abb. 96 Frikya, Gästeraum (Xeneon) mit Fußbodenmosaik des Priesters und Klostervorstehers Paulus (511 n. Chr.), Ma'aret en Nom'ān, Museum.

95

96

Mosaikausstattung vor 411 n. Chr. ausgeführt wurden, da ein Mosaikmedaillon im Ostteil der Kirche (Abb. 94) den Abschluß von Renovierungsarbeiten in eben diesem Jahr nennt. Eine wesentlich spätere Inschrift im Westteil des nördlichen Seitenschiffs informiert über den Abschluß der Arbeiten im Jahr 472 n. Chr. Es sind die geometrischen Mustersysteme mit Tiermotiven im Mittelschiff der Kirche, die eine Vorstellung von der Mosaikkunst in den letzten Jahrzehnten des 4. und den ersten Jahrzehnten des 5. Jhs. geben können (Abb. 94). Sie stehen nicht nur dem Mosaik von 416 n. Chr. (Abb. 95) in der «Kathedrale» von Hama (Epiphania), sondern auch den geometrischen Mustersystemen in drei berühmten Bauten des ausgehenden 4. Jhs. nahe: Der Kirche von Qausiyye vor den Mauern Antiochias (387 n. Chr.), der Kirche von Ḫerbet Mūqa in der Apamene (394/5 n. Chr.) und der Synagoge von Apamea (391/2 n. Chr.).

Die unmittelbar vor dem Altarraum gelegene Hauptinschrift, die durch zwei Inschriftmedaillons ergänzt wird, sei hier genauer vorgestellt, weil sie in einer Ausführlichkeit über die Beteiligung des Klerus wie der Gemeinde an der Mosaikausstattung berichtet, wie sie für keine Kirche des Bergmassivs bis jetzt dokumentiert ist. Sie nennt neben dem Bischof Alexander und dem ihm zugeordneten *Periodeutes* Mokimos die kirchliche Hierarchie des Ortes: Den Priester Maris, den Diakon Zakkeos und den Psalmisten Isakios. Die anderen beiden Inschriften dagegen halten ausschließlich Namen von Ortseinwohnern fest, die in Erfüllung eines Gelübdes einen Teil der Mosaiken ausführen ließen bzw. für die Renovierung des Mosaikquadrats vor dem Altarraum im Jahr 411 n. Chr. aufkamen.

In dem Mosaik von Rayān und in zahlreichen anderen Mosaiken wurden nicht nur die Namen der städtischen Kleriker angegeben, die zur Zeit der Ausführung im Amt waren, sondern es wird klar zwischen ihnen und dem lokalen Klerus auf der einen sowie den Einwohnern des Ortes auf der anderen Seite unterschieden. Auffallend ist, daß die Mosaikinschriften sich ausschließlich auf die Ausführung der Mosaiken beziehen und keine Angaben zu den Bauten selbst und zu dem leitenden Architekten enthalten.

In den bis jetzt bekannten Türinschriften der Antiochene dagegen wird in der Regel neben dem Architekten nur ein Priester oder ein Diakon genannt, seltener zwei Diakone. Der im kirchlichen Rang zwischen Priester und Bischof stehende *Periodeutes* ist in einigen Fällen belegt – er tritt zum Beispiel 372 n. Chr. in der Inschrift der Kirche von Fafertīn auf und wird 491–96 n. Chr. für die Kirche von Bāṣūfān genannt. Nach dem Befund der Mosaiken ist denkbar, daß sein Vorkommen auf die Beteiligung des städtischen Klerus bei der Planung und vielleicht auch der Finanzierung verweist. Bedeutet dies aber auch, daß wir bei der Nennung allein des Priesters oder Diakons annehmen müssen, daß Planung und Finanzierung einer Kirche allein von dem jeweiligen Ort getragen wurden? Ich komme auf diese Frage zurück.

Frikya und Ḥūarte

Das Mosaik von Frikya im Ǧebel Zāwiye (Abb. 96), heute im Museum von Ma'aret en Nom'ān, und die Mosaikausstattung der beiden Kirchen von Ḥūarte (Abb. 97–100), heute im Museum von Damaskus, führen in das letzte Viertel des 5. bzw. in den Anfang des 6. Jhs. Sie geben eine Vorstellung von den thematischen und stilistischen Veränderungen, die in der Mosaikkunst der zweiten Hälfte des 5. Jhs. stattfanden. Auch für diesen Zeitraum sind feste Anhaltspunkte durch datierte Mosaikkomplexe gegeben, unter denen an erster Stelle die Mosaiken der großen Säulenkolonnade in Apamea aus dem Jahr 469 n. Chr. zu nennen sind.

Die Mosaiken von Frikya und Ḥūarte veranschaulichen einen wichtigen Aspekt der Mosaikausstattungen des fortgeschrittenen 5. und 6. Jhs. Die für diese Zeit so charakteristischen Tier-

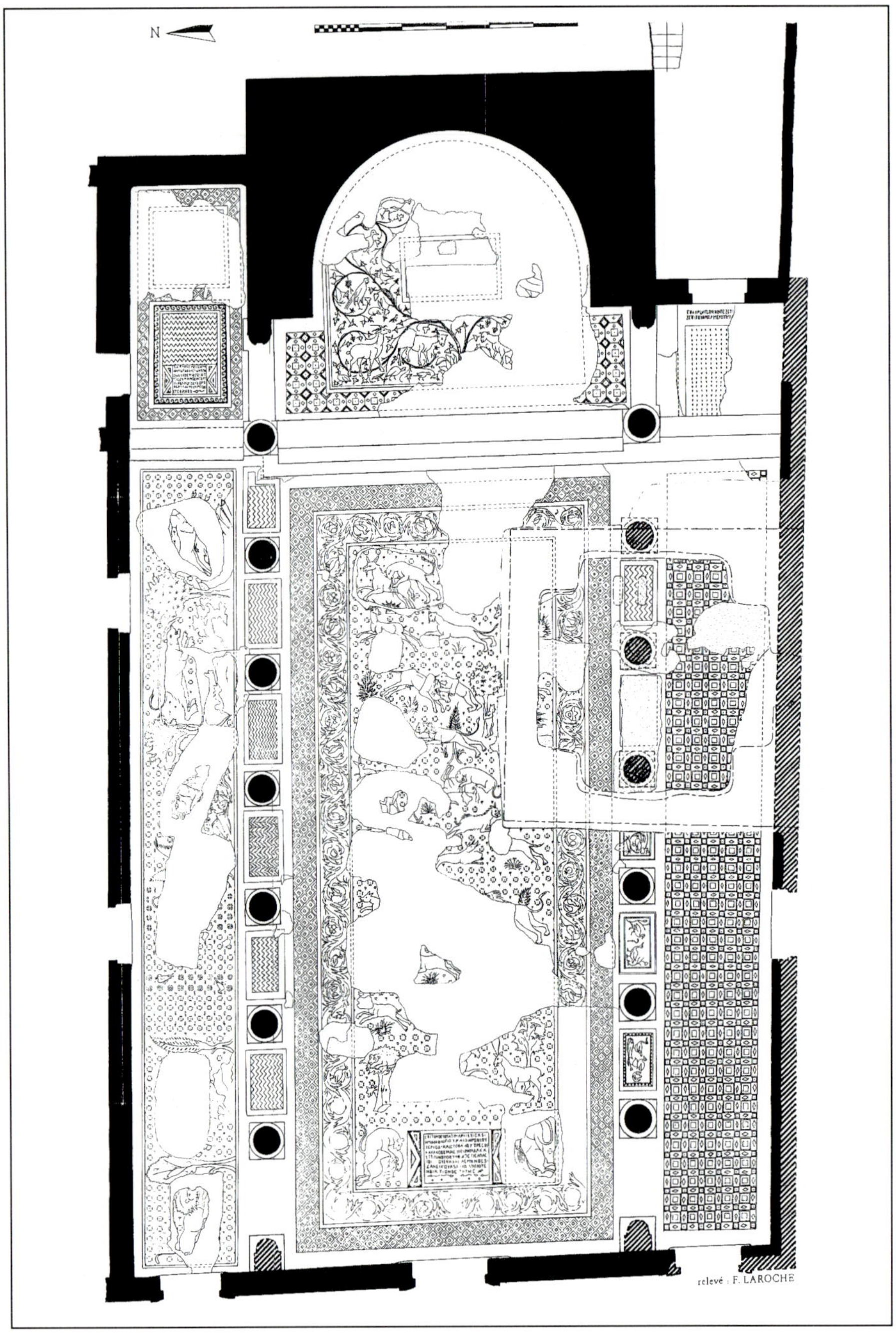

97

98

szenen, häufig kombiniert mit Szenen aus dem täglichen Leben, wurden für Profan- und Sakralbauten gearbeitet. Es gibt also Einzelszenen mit speziell christlichem Inhalt in Kirchen, doch der größte Teil der Thematik ist in Kirchen wie in Profanbauten gleichermaßen anzutreffen. Die Inschrift von Frikya (Abb. 96) nennt das Datum 511 n. Chr. und teilt uns mit, daß der Raum für Gäste (*Xeneon*) auf Veranlassung des allerheiligsten Paulos, Priester und *Archimandrit*, ausmosaiziert wurde. Die Tatsache, daß Paulos nicht nur Priester des Ortes, sondern auch *Archimandrit* (= Vorsteher eines Klosters) war, läßt nicht daran zweifeln, daß er in dem Ort eine herausragende Stellung einnahm und daß es in Frikya mindestens ein Kloster gab. Leider wurde das Verhältnis des *Xeneon* zur nahegelegenen Kirche aus den ersten Jahrzehnten des 6. Jhs. (Abb. 128, 129) noch nicht untersucht, sodaß noch ungeklärt ist, ob diese mit dem Mosaikenraum zu einer Klosteranlage gehörte.

Die Form des Mosaiks mit seinem von Tieren bevölkerten Rankengeflecht steht dem Apsismosaik der Photioskirche (Abb. 98), der älteren der beiden Kirchen von Ḥuarte, nahe und wiederholt sich in verwandter Ausprägung auch in den Anfang des 6. Jhs. fertiggestellten Apsismosaiken der dortigen Michaelskirche (Abb. 99). In beiden Kirchen blieb fast die ganze Mosaikausstattung (Abb. 97, 99) erhalten, und die der Photioskirche ist auf die Jahre 483–486 n. Chr. datiert, die des Michaelions auf das Jahr 510 n. Chr. datierbar.

Die Weihinschrift des Jahres 483 n. Chr. nennt den Erzbischof Photios von Apamea, den *Periodeutes* Dorotheos und als lokale Kleriker den Priester Stephanos und zwei Diakone. Auch in dieser Kirche wird die Beteiligung eines Einwohners des Dorfes an der Finanzierung

Abb. 97 Ḥūarte, Photioskirche, rekonstruierter Gesamtplan der Fußbodenmosaiken, die inschriftlich in die Jahre 483–486 n. Chr. zu datieren sind.

Abb. 98 Ḥūarte, Photioskirche, Fußbodenmosaik, Ausschnitt aus dem Apsismosaik, Mosaikenmuseum Apamea (Qal'at el Moudiq).

Abb. 99 Ḥūarte, Michaelion, Gesamtplan der Fußbodenmosaiken, die nach Aussage der Inschrift wohl im Jahr 501 n. Chr. entstanden sind.

separat in der zweiten Inschrift des Jahres 486 n. Chr. erwähnt. Dagegen treten in der einzigen erhaltenen Inschrift der Michaelskirche die für das Mosaik finanziell aufkommenden Einwohner des Ortes zusammen mit dem Priester und den beiden Diakonen auf, und weder der Bischof noch der *Periodeutes* werden erwähnt.

Das Mittelschiff der Photioskirche (Abb. 97) füllt eine durchgehende, von zwei Bordüren eingefaßte Komposition mit jagenden und kämpfenden Tieren – selbst die Inschrifttafel am westlichen Ende wird von Tierkampfgruppen flankiert – und ist in dieser Ikonographie dem Mosaikboden in den Thermen von Serǧilla (473 n. Chr.) vergleichbar. Die Streumuster zwischen den Tiergruppen des großen Mittelfeldes wiederholen sich im Mosaik des nördlichen Seitenschiffs, und das dortige Hauptthema sind jagende Tiere in einer idealisierten Landschaft.

Im nördlichen Nebenraum des Altarraumes ist das Mosaik rein geometrisch. Die dortige Weihinschrift erwähnt als Stifter einen gewissen Thomas und seine Kinder. Ferner läßt sich ihr entnehmen, daß das Mosaik unter dem *Periodeutes* Dorotheos und dem Priester Stephanos, die auch in der ersten Inschrift genannt werden, im Jahr 484/5 n. Chr. gesetzt wurde.

Die symmetrische Kompositon des Apsismosaiks (Abb. 98) mit ihren von Tieren bevölkerten, aus einem Blattkelch aufsteigenden Weinranken kontrastiert mit dem Mosaikfeld des Mittelschiffs und wurde bewußt harmonisch und friedlich gestaltet. Das Thema der jagenden und kämpfenden Tiere wurde in der Michaelskirche für die Seitenschiffe gewählt (Abb. 99, 100). Die symmetrischen, ruhigen Kompositionen aus bevölkerten Weinranken finden sich dort nicht nur im Apsisrund und im «Vestibül» der Apsis (Abb. 99), sondern auch im *Martyrion*, das wie in der Photioskirche deutlich reicher ausgeschmückt wurde als der südliche Apsisnebenraum.

Interessant ist die Ikonographie des Bildfeldes im Mittelschiff (Abb. 99). Es illustriert eine Szene aus Genesis II, 19–20: Adam gibt den Tieren ihren Namen. Er sitzt, mit *Tunica* und Mantel bekleidet, auf einem Thron, inmitten der befriedeten Tiere, die Rechte im Segensgestus erhoben und mit der Linken einen Codex haltend. Der Thron wird von zwei Zypressen flankiert, den Bäumen des Lebens und der Weisheit: Zwei Schlangen winden sich um den Stamm der Bäume, den Kopf wie alle anderen Tiere Adam zugewandt.

Die Inschrift am östlichen Ende des nördlichen Seitenschiffs teilt mit, daß die Mosaizierung des Michaelions unter «den Alten» (*gerontes*) Eleutherios, Sergis, Thomas, Sohn des Dorotheos und den «fünf Ersten» (*pentaprotes*) Dorotheos, Ioannes, Thomas, Georgis und einem weiteren Thomas durchgeführt wurde. Die hier genannten «Alten» bzw. «fünf Ersten» waren zweifellos die herausragenden Persönlichkeiten des Ortes, die man sich, entfernt vergleichbar der Situation in den kleinasiatischen Städten des 6. Jhs. n. Chr., als Ältestenrat sowie als führendes Gremium der Gemeinde vorstellen möchte. In der Mosaikinschrift des Jahres 388/9 n. Chr. in einer Kirche von Ḥass werden für diesen wesentlich größeren Ort des Ǧebel Zāwiye «zehn Erste« (*decaprotes*) genannt.

Mosaikinschriften und in Stein gemeißelte Inschriften

Der Gesamtbefund der Mosaikinschriften unterscheidet sich erheblich von den in Stein gemeißelten Inschriften auf Türen von Kirchen und Häusern der Antiochene: Keine der vorangehend genannten Mosaikinschriften der Apamene enthält Angaben über den leitenden Architekten, die Bauzeit oder eventuell an den Baukosten beteiligte Stifter, und Türinschriften mit derartigen Informationen wurden in diesen Bauten nicht gefunden. Hinzukommt, daß in den Mosaiken wesentlich ausführlicher über den städtischen und lokalen Klerus sowie die an der Mosaizierung beteiligten Einwohner eines Ortes berichtet wird als in den Steininschriften der Antiochene – ein auffallender Befund. Eine Aus-

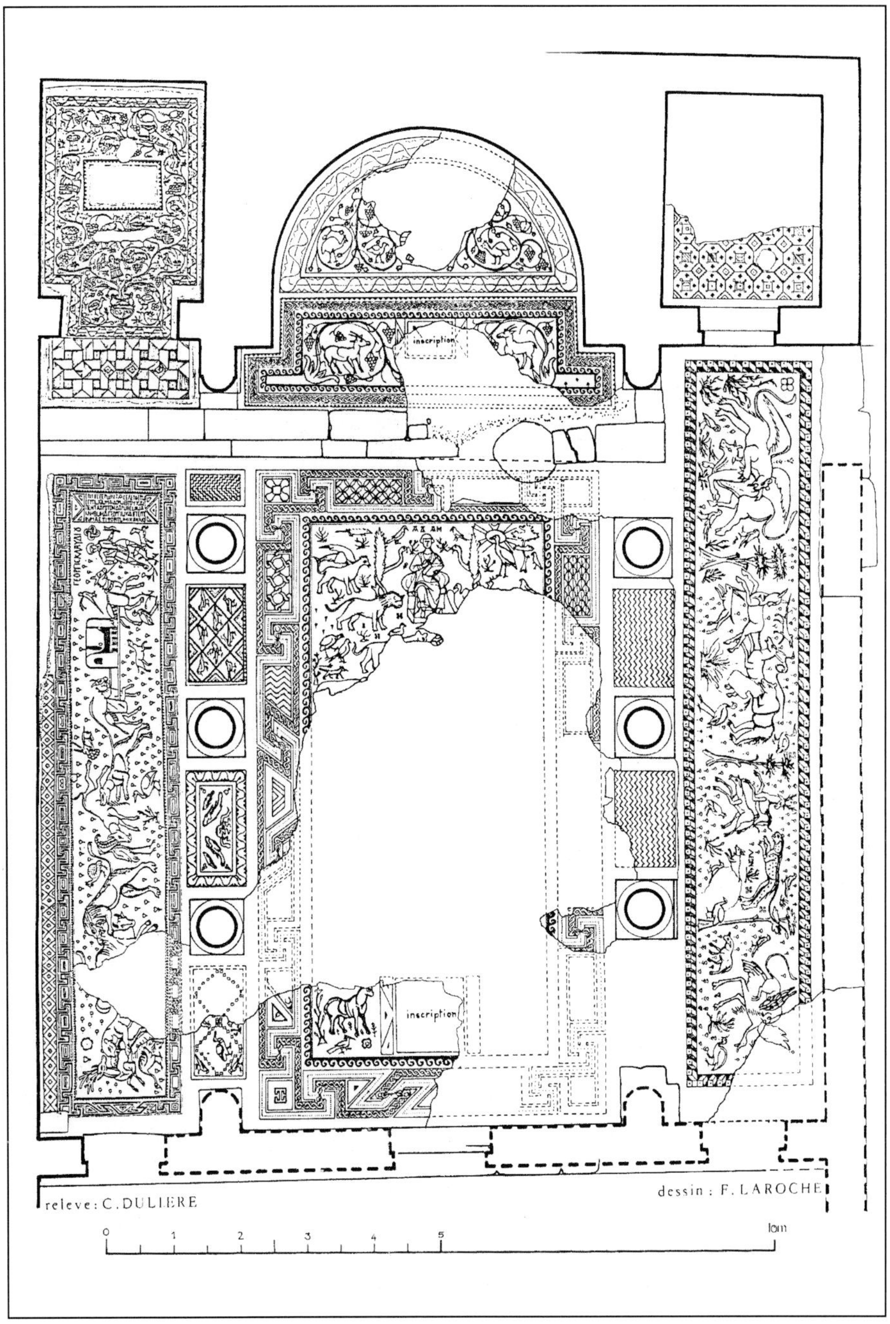

99

100

nahme unter den Bauten der Apamene bilden die Thermen von Serğilla: Auch bei ihnen finden sich keine Inschriften zum Bauvorgang auf den Haupttüren, doch informieren die Angaben in dem Inschriftmedaillon der Mosaikausstattung darüber, daß der Stifter Julianos und seine Frau Domna für die Finanzierung des ganzen Bades aufkamen. Ist daraus zu schließen, daß in Kirchen des Ğebel Zāwiye nicht nur die Ausstattung, sondern auch den Gesamtbau betreffende Informationen bevorzugt in Fußbodenmosaiken festgehalten wurden? Zukünftige Arbeiten werden in dieser Frage weiterführen.

Wichtig sind die Angaben der Mosaikinschriften zum städtischen und lokalen Klerus sowie der herausragenden Stellung einiger Dorfbewohner. Die im Michaelion genannten «Ältesten» und «fünf Ersten» sind besonders wichtig, da durchaus denkbar ist, daß ein vergleichbares Gremium auch in anderen Orten des Kalksteinmassivs an der Spitze der dörflichen Gemeinschaft stand. Obwohl wir uns hier noch auf unsicherem Boden bewegen, sei doch versucht, mit dem Inschriftenbefund der Apamene auf die Situation in der Antiochene und einige im vorangehenden offen gebliebene Fragen zum Gebrauch des *Bemas* zurückzukommen.

In den Türinschriften der Antiochene wird in der Regel neben dem Architekten nur ein Priester oder Diakon genannt, seltener zwei Diakone. So treffen wir in den Kirchen des Markianos Kyris zweimal einen Priester (Kseiğbe 414 n. Chr., Dar Qitā 418 n. Chr.) und einmal einen Diakon an (Bābisqā 401 n. Chr.). In der Bauinschrift der Kirche von Bāqirhā (416 n. Chr.) treten ein Priester und ein Diakon auf, und zwei Diakone oder ein Priester sind in späteren Kircheninschriften der Antiochene die Regel. Der im kirchlichen Rang zwischen Priester und Bischof stehende *Periodeutes* ist in einigen Fällen belegt – er wird zum Beispiel für die Kirchen von Fafertīn (372 n. Chr.) und Bāṣūfān (491–496 n. Chr.) genannt. Nach dem Befund der Mosaiken ist anzunehmen, daß seine Erwähnung auf die Beteiligung des städtischen Klerus bei der Planung und wohl auch der Finanzierung verweist. Ungeklärt ist jedoch, ob wir, wenn kein Bischof oder *Periodeutes,* sondern allein ein Priester oder Diakon erwähnt werden, annehmen können, daß das gesamte Bauvorhaben allein von dem jeweiligen Ort getragen wurde.

Die Frage, von wem die Plätze der *Bemata* (Abb. 62, 65, 72) besetzt wurden, hat schon Georges Tchalenko beschäftigt, denn es ist schwer vorstellbar, daß in einer so aufwendigen Anlage zwei, maximal drei Kleriker vor leeren Sitzen agierten. Wenn wir – von den Mosaikinschriften ausgehend – annehmen, daß zum Klerus neben einem Priester und Diakon mindestens ein Psalmist und ein Lektor gehörten, dann wird denkbar, daß hier neben Priester und Diakon die Ältesten bzw. «Ersten» eines Ortes Platz nahmen. Wenn in den Inschriften des öfteren ein Diakon oder Priester genannt wird, der auf eigene Kosten einen Bau finanzierte, dann ist denkbar, daß die Grenzen zwischen dem Klerus und den ältesten bzw. den wohlhabenden Einwohnern eines Ortes fließend waren, die «Ältesten» oder «Ersten» eines Ortes also sehr wohl auch als Diakone, Psalmisten, Lektoren fungiert haben können.

Bleibt die Frage, wieviel wir in den Inschriften der Antiochene über herausragende Einwohner eines Ortes erfahren. Eindeutig ist der Befund in Brād: Die Julianoskirche wurde von wohlhabenden Einwohnern der Siedlung finanziert, Mitglieder des lokalen oder städtischen Klerus erwähnen die Inschriften nicht. Für die ältesten einschiffigen Kirchen spricht bis jetzt nur eine Bauinschrift, die der Kirche von Išrūq (Abb. 71). In ihr bittet der Stifter: «Herr sei deinen Knechten gnädig, Antiochos, Epiphania und ihren Kindern». Die Inschrift ist damit ihrem Charakter nach zahlreichen Mosaikinschriften vergleichbar. Ob in diesem Dorf mit nicht mehr als einem Dutzend Gehöften Antiochos einer von mehreren wohlhabenden Landbesitzern war, oder ob der Ort im Sinne des Libanios im frühen 5. Jh. n. Chr. noch im Besitz eines Einzelnen war, von dem die Bewohner der anderen Häuser abhängig waren, ist der Inschrift nicht zu entnehmen. Ebenso wissen wir nicht, ob Flavios Gaoulos Comes, der Stifter der Kirche von Ḫerbet el Ḫatīb (Abb. 110), die ich noch vorstellen werde, wohlhabender Einwohner des Ortes oder als Bewohner einer der großen Städte diesem nur durch Landbesitz verbunden war.

Wir stellen zusammenfassend fest, daß in den in Stein gemeißelten Inschriften entweder die Stiftung durch Einzelne, oder die Finanzierung durch wohlhabende Einwohner des Ortes – einmal mit, und ein andermal ohne die Nennung des lokalen Klerus – überliefert ist. Nur in sehr wenigen Fällen führt die Erwähnung eines städtischen Klerikers über den dörflichen Bereich hinaus. Bleiben wir also dicht an der Aussage der Inschriften, so können wir vorläufig nur feststellen, daß wir in diesen Inschriften die Beziehung zwischen städtischem und lokalem Klerus nicht annähernd so dicht fassen wie in den Mosaikinschriften.

Abb. 100 Ḫūarte, Ausschnitt aus den Mosaiken des südlichen Seitenschiffs, Damaskus, Nationalmuseum.

Symeon, der Säulenheilige

Reliquienkult und Pilgerwesen in Nordsyrien

In Syrien fand die erste uns bekannte Reliquienüberführung, die der Gebeine des Märtyrers Babylas, statt. Sie führte zu der vor den Mauern Antiochias gelegenen Kirche von Qaussiye. In der syrischen Metropole selbst waren Reliquien fast aller bedeutenden Märtyrer des Ostens vertreten: Thekla, Phokas, die 40 Märtyrer von Sebaste, Sergios, Menas, Euphemia und ganz besonders der Kult der sieben makkabäischen Brüder.

Keiner dieser Kulte erreichte in seiner Breitenwirkung das Ansehen des Kultes der Säulenheiligen, der mit Symeon dem Älteren im Bergmassiv aufkam und tausende von Pilgern aus aller Welt in diese abgelegene Berggegend führte. Im Bergmassiv fassen wir die Verehrung von Reliquien noch nicht in den Kirchen des Markianos, konnten sie aber voraussetzen als Anlaß für die Erbauung der gewaltigen Kirche *extra muros* in El Bāra (Abb. 78 a), also vor der Mitte des 5. Jhs. Es ist der Zeitraum, in dem die fünf Kirchen des Markianos entstanden, in den der erste Lebensabschnitt Symeons fällt, des Heiligen, mit dem sich die Situation in den nördlichen und zentralen Regionen des Bergmassivs grundlegend veränderte.

Symeon, der «Athlet Gottes»

Symeon wurde 388 n. Chr. als Bauernsohn in einem Dorf bei Nikopolis im südlichen Kleinasien geboren und starb 459 n. Chr. Gegen 402 n. Chr. trat er in das Kloster von Teleda (Tell'Āde im Ǧebel Sim'ān) ein und blieb dort circa zehn Jahre. Er begab sich 412 n. Chr. nach Telanissos (Deir Sim'ān), lebte dort drei Jahre in klösterlicher Gemeinschaft und verließ diese, um auf der neben dem Ort gelegenen Anhöhe die *stasis,* das Stehen in einer kreisförmigen Umfriedung, zu praktizieren. Er erregte Aufsehen durch diese Form der Askese und ließ sich, als immer mehr Besucher kamen, eine Säule von ca. 6 Ellen errichten. Sie wurde im Laufe der Jahre durch immer höhere Säulen ersetzt. Auf der letzten, die zwischen 17 und 18 m hoch war, verbrachte er ca. 30 Jahre – sie blieb als Säulenstumpf bis auf unsere Tage erhalten (Abb. 115).

Die außerordentlich strenge, jedes bis dahin gekannte Maß übertreffende Form der Askese zog schon bald Scharen von Verehrern an. Schon zu Lebzeiten Symeons reisten zahlreiche Pilger aus allen Teilen des Mittelmeerraumes zu ihm nach Qal'at Sim'ān, und schon 15 Jahre vor seinem Tod, so berichtet ein Zeitgenosse, wurden in Rom, im Vorraum dortiger Werkstätten, Bilder von ihm aufgehängt. Sie waren wohl als Pilgerandenken, denen heilsbringende, übelabwehrende Kräfte zugeschrieben wurden, in den Westen gekommen.

Wir sind über das Leben und Wirken Symeons des Älteren ungewöhnlich gut informiert durch seinen Zeitgenossen und Freund Theodoret, Bischof von Cyrrhus, sowie eine nach seinem Tod auf Altsyrisch verfaßte Vita des Heiligen.

Abb. 101 Qal'at Sim'ān, Eulogien mit Darstellungen Symeons d. Ä., gefunden in Qal'at Sim'ān, Aleppo, Museum.

Abb. 102 a.b Damaskus, Nationalmuseum, Steinreliefs mit Darstellungen Symeons d. Ä.: Relief aus Qonbos (a) Relief im Archiv des Museums (b).

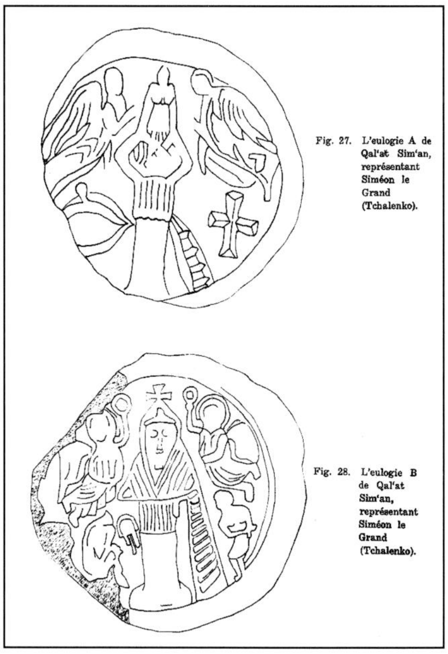

101

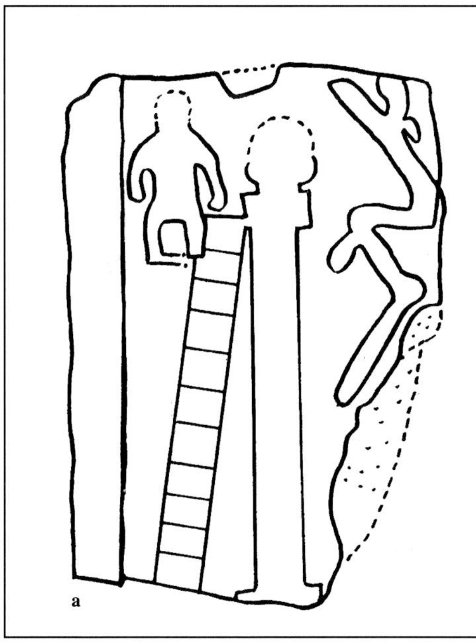

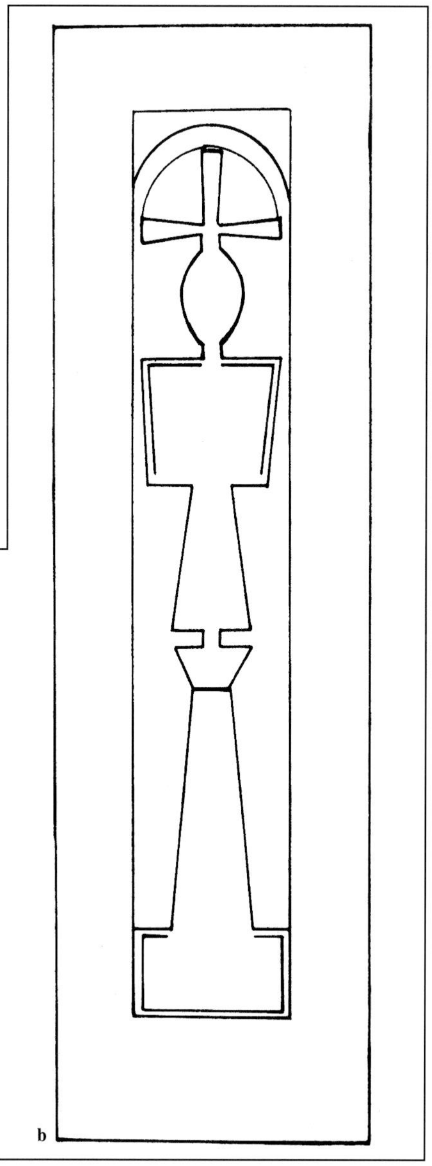

102

103

stellung von den langen Jahren härtester Askese zu bilden und nachzuvollziehen, was die Zeitgenossen Symeons bewog, ihn in langer und äußerst beschwerlicher Reise an einem entlegenen Ort im nordsyrischen Bergland aufzusuchen.

Symeon war auf seiner Säule, in einem Bereich zwischen Erde und Himmel, auf Distanz zur menschlichen Gemeinschaft gegangen und blieb doch in der Öffentlichkeit. Er heilte von Krankheiten, half in alltäglichen Nöten, sprach Recht bei Streitigkeiten, sagte Naturkatastrophen voraus und missionierte. In seiner Askese hatte er sich weitestgehend von den Grundbedürfnissen menschlicher Existenz – Essen, Trinken, Schlafen – gelöst. Er war, wie Theodoret sagt, der «Athlet Gottes», außerhalb und über allem stehend, und über übernatürliche Kraft *(dynamis)* verfügend, weil er die Bedingungen und Bindungen menschlichen Lebens überwunden hatte. Er wirkte auf dem Land, doch in der Nähe von Antiochia und Beroea (Aleppo). Als Bindeglied zwischen allen gesellschaftlichen Schichten war er am byzantinischen Kaiserhof genauso bekannt wie bei den Bauern des Bergmassivs und den Einwohnern der syrischen Städte. In seiner Person verschwimmen die Grenzen zwischen Stadt und Land, zwischen syrischem und außersyrischem Bereich.

Darstellungen des Säulenheiligen

Der Pilgerbetrieb war nach dem Tode des Heiligen (459 n. Chr.) nicht weniger intensiv als zu seinen Lebzeiten, und dementsprechend gab es Darstellungen von ihm vor und nach seinem Tode. Es ist nicht immer möglich, sie von den Darstellungen Symeons des Jüngeren zu trennen, der in der Nachfolge des Älteren in Nachbarschaft Antiochias, auf dem Mons admirabilis eine Säule bestiegen hatte.

Die Säule Symeons d. Ä., Ort seiner Wirkungskraft, war zur Reliquie geworden (Abb. 112, 115). Darüberhinaus ist anzunehmen, daß auch Gegenstände, die mit seinem Körper in Berührung waren, wie z. B. das Gewand oder die Kopfbedeckung Symeons, als Reliquien an Ort und Stelle geblieben waren. Da Bilder Symeons, wie wir sahen, schon zu seinen Lebzeiten in Rom anzutreffen waren, können wir annehmen, daß segenbringende *Eulogia* mit Darstellungen von ihm durch Pilger, die ihn aufgesucht hatten, früh in allen Ländern des Mittelmeerraumes verbreitet worden waren.

Alle Darstellungen, die wir an Bauten des Kalksteinmassivs vorfinden, oder die wie die *Eulogia* aus Qal'at Sim'ān (Abb. 101) mit Sicherheit am heiligen Ort angefertigt wurden, geben den Heiligen und seine Säule stark abstrahierend und mit wenigen erzählerischen Momenten wieder (Abb. 101–103). Auf einfache Grundformen reduziert, finden wir vor: Symeon, in der oberen Einfassung der Säule stehend, im Mönchsgewand oder mit Fellumhang (Abb. 101); die Schlange als Zeichen der Versuchung, sich um die Säule windend; die Leiter, mit der ein Schüler einmal in der Woche Speise hinaufbrachte und auf der in Ausnahmefällen auch Besucher hinaufsteigen konnten (Abb. 101, 102); ein oder zwei Schüler bzw. Verehrer am Fuß der Säule (Abb. 101).

Die Darstellung des Heiligen seitlich der Südtür in der Kirche von Dēḥes (Abb. 103) ist der eines Reliefs von Qonbos (Abb. 102) direkt vergleichbar und belegt die weite Verbreitung dieser abstrahierenden Darstellungsweise innerhalb Syriens. Alle weiteren Angaben der Darstellungen verweisen symbolisch auf das Wirken Symeons und seine Erhöhung nach dem Tod: Die Säule wird durch einen Querbalken zum Kreuz umgedeutet; Engel zu seiner Rechten und Linken, die ihm einen Siegeskranz überreichen oder ein Kreuz, das ihn bekrönt, verweisen auf seinen Sieg über den Tod.

Abb. 103 Dēḥes, Kirche, zweite Hälfte des 5. Jhs., Darstellung Symeons d. Ä. neben dem Sturz der SO-Tür.

Bauten mit Reliquien Symeons des Älteren

Die Pilgerkirche von Qalblōze und das Wallfahrtszentrum von Qal'at Sim'ān

***Abb. 104** Die oberhalb von Šelf gelegene Ortschaft Qalblōze besitzt eine der eindrucksvollsten spätantik-frühbyzantinischen Pilgerkirchen: Weitarkadenbasilika, perspektivische Rekonstruktion mit Blick in das Kircheninnere von Nordwesten aus. Das in Analogie zu gleichzeitigen Anlagen rekonstruierte Bema wurde wohl schon im 6. Jh. abgetragen und blieb nur im Grundriß erhalten.*

Die Pilgerkirche von Qalblōze

Auf einer Anhöhe oberhalb der Ebene von Šelf liegt eine der eindrucksvollsten Pilgerkirchen spätantik-frühbyzantinischer Zeit, die Basilika von Qalblōze (Abb. 104–108). Im Zentrum eines weiten *Temenos,* ohne nachweisbare Verbindung zu einer älteren Siedlung, erinnert der Bau in seiner herausragenden Position an antike Tempelanlagen. Wir wissen nicht, wer die Kirche in Auftrag gab und wer sie finanzierte. Sie wurde von städtischen Werkgruppen ausgeführt, die mit lokalen Steinmetzen zusammenarbeiteten. Denkbar wäre, daß die Initiative für das gesamte Bauvorhaben vom städtischen Bereich ausging, doch haben wir keinen sicheren Anhaltspunkt dafür.

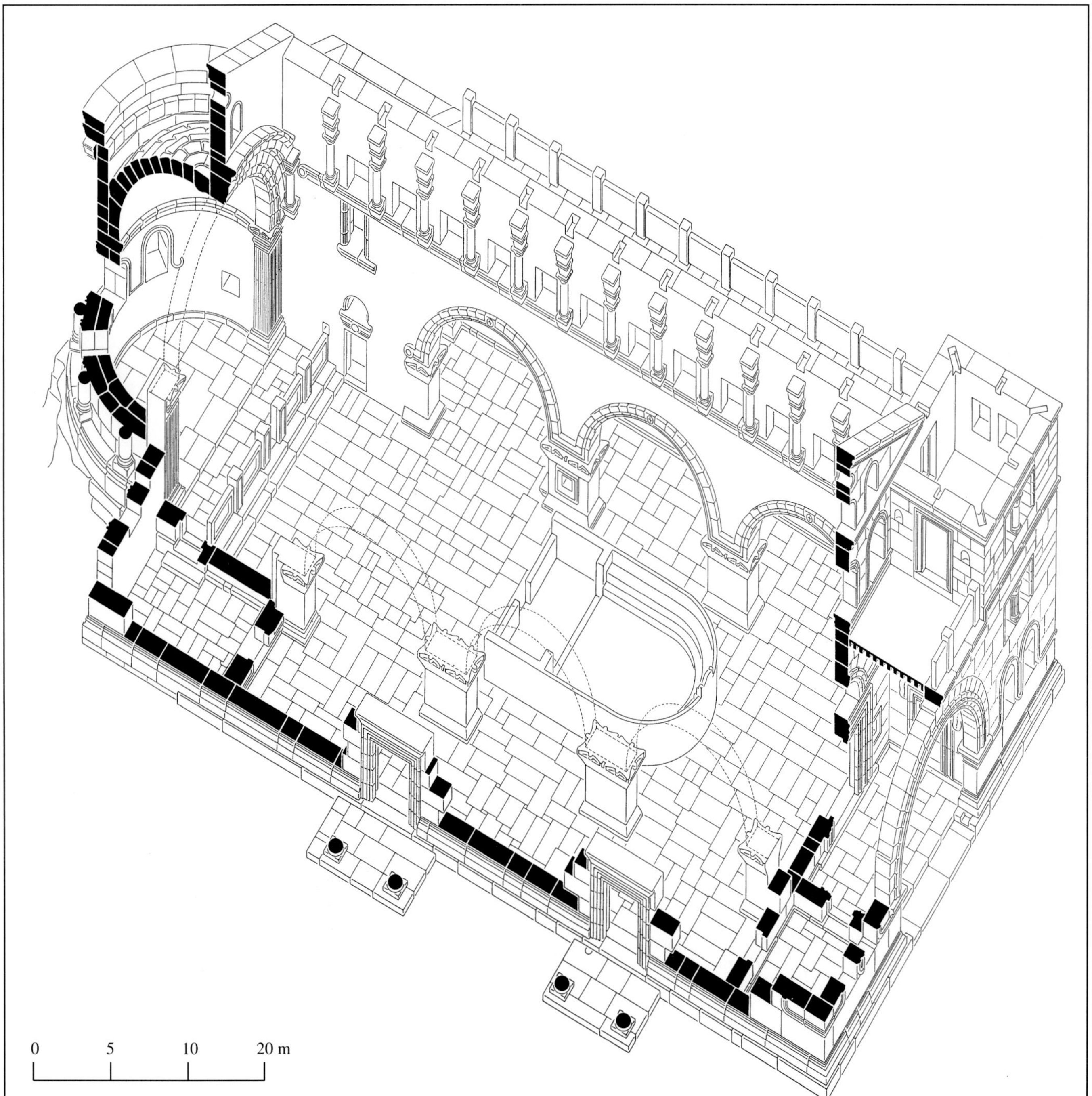

104

△ 105

106 ▽

Es ist die älteste Basilika mit weitgespannten, von Pfeilern getragenen Arkaden im Inneren (Abb. 106) und einiges spricht dafür, daß mit ihr der Schöpfungsbau der Weitarkadenbasiliken erhalten blieb. Bauten dieses Typus wurden innerhalb und außerhalb des Bergmassivs in größerer Zahl errichtet, und zu ihnen zählen einige der berühmtesten Kirchen des 6. Jhs. n. Chr., wie die hlg. Kreuz-Kirche im Pilgerzentrum Sergiupolis-Resāfa.

Die überaus sorgfältige Ausführung der Gesamtkonstruktion, der überwältigende Reichtum an Dekorationsformen im Innen- und Außenbau (Abb. 105–108) und die Fülle von Informationen zu Liturgie und Reliquienkult verleihen der Kirche in Qalblōze eine weit über Syrien hinausführende Bedeutung. Obwohl keine Inschrift den Auftraggeber, den Architekten oder die Bauzeit nennt, gibt es doch einige klare Hinweise auf die Entstehungszeit, die ausführende Werkstatt und die Funktion des Baus: Zwei Darstellungen Symeons d. Ä. auf der Westfassade und auf einem Schrankenpfeiler der Kirche machen es mehr als wahrscheinlich, daß die Kirche Reliquien des Heiligen besaß; der Architekt einer kleinen Kirche im Nachbarort Bettir (Abb. 109) ahmte den Bautypus der Weitarkadenbasilika nach, Einzelformen führen zu dem großen Vorbild und geben so mit dem Jahr der Fertigstellung des Baus, 471 n. Chr., einen terminus ante quem; der Apsisbogen in Qalblōze (Abb. 107) und Hauptelemente der dortigen Baudekoration führen zu der kreuzförmigen Anlage von Qal'at Sim'ān (Abb. 112–121), die nach dem Tode Symeons d. Ä., und zwar nach 476 und vor 490 n. Chr., um seine Säule herum errichtet wurde.

Abb. 105 Qalblōze, Ansicht von SO mit Blick auf die Reste der der Apsis vorgelegten doppelgeschossigen Säulenstellung und die reich dekorierte Südfassade mit ihren aufwendigen Türen, fortlaufenden Gesimsen sowie dem kleinen Außenfenster des Martyrions.

Abb. 106 Qalblōze, Ansicht der Nordarkaden mit Blick nach Westen.

Abb. 107 Qalblōze, Ansicht der Apsis mit ihrer reich dekorierten Archivolte, deren Zentrum die in späterer Zeit abgearbeitete, ursprünglich von zwei Engeln flankierte Christusbüste einnahm.

Abb. 108 Qalblōze, Ostfenster des Martyrions.

107

108

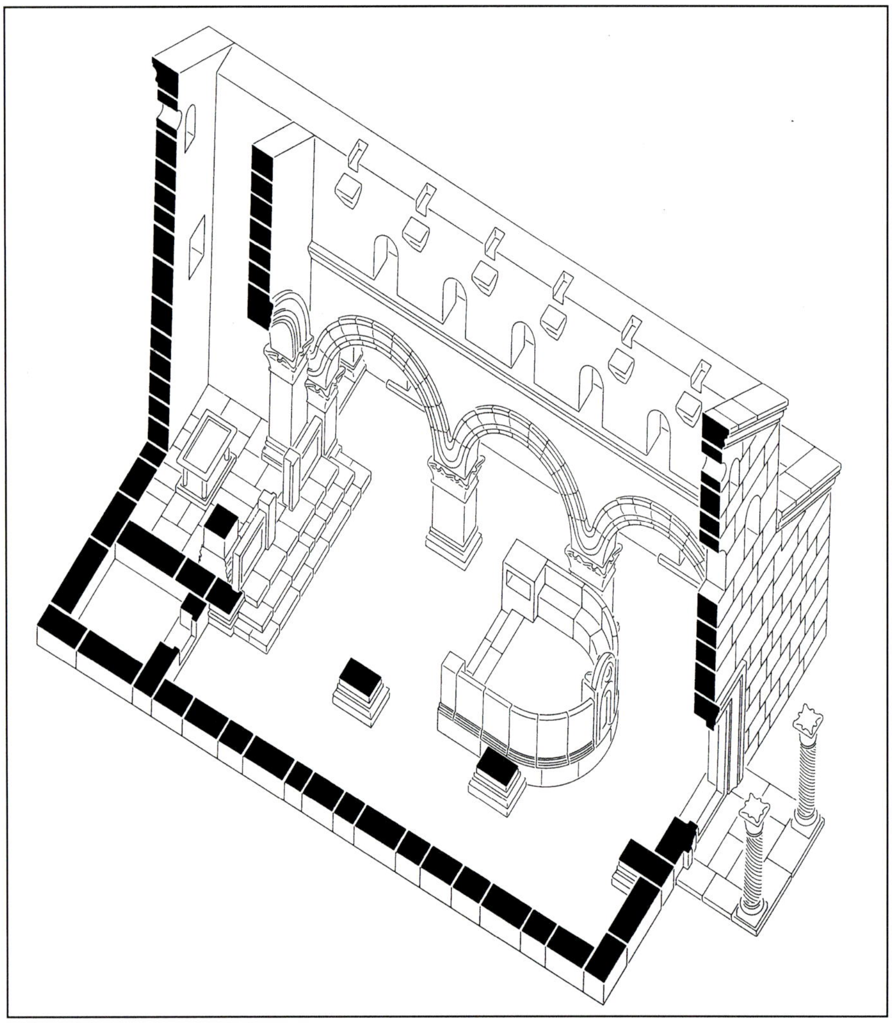

109

110

111

Die Pilgerkirche von Qalblōze und das Pilgerzentrum von Qal'at Sim'ān sind also beide mit dem Säulenheiligen Symeon verbunden. Wir wissen nicht, welche Reliquie des Heiligen nach seinem Tod nach Qalblōze kam, können aber rekonstruieren, daß dies vor Baubeginn in Qal'at Sim'ān geschehen ist. Es spricht nämlich vieles dafür, daß die Weitarkadenbasilika nach 459 n. Chr. begonnen und vor 470 n. Chr. fertiggestellt wurde.

Die Kirche in Qalblōze besaß ein *Bema,* und in die Pfeiler rechts und links von ihm wurden Schränke zur Aufnahme von liturgischen Büchern eingearbeitet (Abb. 104). Der südliche Apsisnebenraum, in dem die Reliquiare standen, öffnet sich mit einer Pfeilerarkade zum Kirchenraum, war also von Mittel- und Seitenschiff aus einsehbar. Die Existenz eines Fensters in der Südwand dieses *Martyrions* läßt darauf schließen, daß Pilger zu jeder Zeit mit geweihtem Öl versorgt werden konnten. Ein weiteres Fenster in der Ostwand des *Martyrions* (Abb. 108), das reichste des ganzen Baus, weist auf die Bedeutung dieses Raumes hin. Das *Martyrion* war vom Westteil des Altarraumes aus direkt erreichbar, was darauf schließen läßt, daß Reliquien auch während der Liturgie eine Rolle spielten.

Eine Fülle von Neuerungen führt weit über alle vorangehenden Bauten des Bergmassivs hinaus: Die Zweiturmanlage vor der Westfassade mit ihrer mittleren Loggia (Abb. 104) – Anfang des

Abb. 109 Bettir, Weitarkadenbasilika (471 n. Chr.), rekonstruierte Innenansicht mit rekonstruiertem Bema.

Abb. 110 Ḫerbet el Ḫaṭīb, Kirche (473/4 n. Chr.), Sturz der SW-Tür mit Weihinschrift in Syrisch und Griechisch.

Abb. 111 Ḫerbet Ḫaṣān, Kirche (507 n. Chr.), trapezoider Sturz der SO-Tür mit gegensätzlichen, die Formensprache der kreuzförmigen Anlage von Qal'at Sim'ān nachahmenden Blattformen.

Abb. 112 Qal'at Sim'ān, Grundriß der Gesamtanlage. Nach dem Betreten des engeren Temenosbezirks rechts das Baptisterium mit oktogonaler Kuppel, links eine Herberge, südöstlich der kreuzförmigen Anlage der Klosterkomplex mit nördlich anschließender Klosterkirche, vor der nördlichen Begrenzungsmauer des Bezirks das Gemeinschaftsgrab der Mönche.

Abb. 113 Qal'at Sim'ān, Via Sacra und Pilgerzentrum von Deir Sim'ān aus.

6. Jhs. in der Kirche des Pilgerheiligtums von Turmanīn weitergebildet (Abb. 13); die doppelgeschossige, der frei stehenden Apsis vorgelegte Säulenstellung (Abb. 105); die Profile und Ornamente an der Stirnseite der Pfeilerarkaden (Abb. 106); die reiche Apsisdekoration (Abb. 107) mit ihrer von Engeln flankierten Christusbüste (bis auf wenige Reste abgearbeitet); die aufwendigen Haupttüren der Süd- und Westseite (Abb. 104, 105).

Selten trifft in einem einzigen Bau die intensive Wiederaufnahme und Weiterbildung antiker Formen mit einer solchen Fülle von innovativen Formen zusammen: Die fortlaufenden Gesimse, Türen und Fenster übergreifend und die Außenwände gliedernd (Abb. 105), können wir hier zum ersten Mal in ihren einzelnen, über Vorstufen römischer Zeit hinausführenden Varianten studieren. In Qal'at Sim'ān weitergebildet (Abb. 116, 117) sind sie schon in den letzten Jahrzehnten des 5. Jhs. das Element par excellence in der Fassadengliederung zahlreicher Kirchen- und Grabbauten. Auch der häufig mit ihnen zusammen auftretende Halbbogenfries (Abb. 106) wird nach Qalblōze in nahezu jeder lokalen Werkstatt der Antiochene aufgegriffen (Abb. 58).

Besonders verändernd aber wirkte sich im Werkstattsbetrieb der Antiochene das

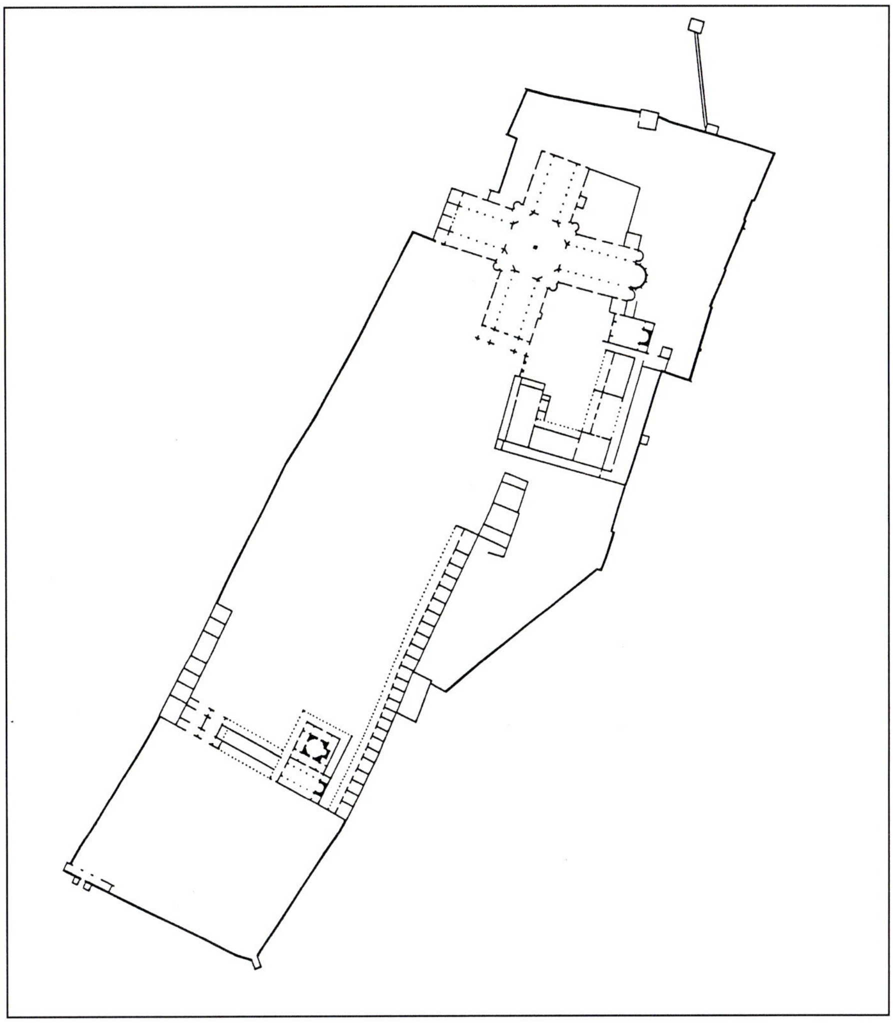

112

113

114

***Abb. 114** Qal'at Sim'ān, kreuzförmige Anlage, Fassade der südlichen Vorhalle.*

***Abb. 115** Qal'at Sim'ān, Blick aus dem nördlichen Kreuzarm auf die westlichen Eingangstüren und den geschlossenen Mittelteil der Eingangswand. Im Zentrum der Rest der Säule und ihrer Basis.*

***Abb. 116** Qal'at Sim'ān, die kreuzförmige Anlage von Norden aus gesehen. Gut erkennbar die unterschiedliche Organisation der fortlaufenden Fassadengesimse und die doppelgeschossigen, den Apsiden der Ostkirche außen vorgelegten Säulenstellungen.*

***Abb. 117** Qal'at Sim'ān, dieselbe Anlage in dem Stich de Vogüés. Zu seiner Zeit waren im Nordarm einige Säulenarkaden noch in situ.*

115

116

breite Spektrum an Akanthusfriesen und Blattranken aus, das mit der Basilika von Qalblōze in den Ǧebel Bārīšā und il A'la gekommen war. Waren es doch vor allem diese voll ausgearbeiteten Ornamentformen, die noch in der letzten Kirche des Markianos nur vereinzelt vorkamen und in Bauten anderer lokaler Werkstätten bis zur Mitte des 5. Jhs. die absolute Ausnahme waren.

In Qalblōze arbeiteten lokale Werkleute, deren Formen aufs engste mit der Baudekoration der letzten Kirche des Markianos Kyris zusammenhängen, mit den städtischen Werkleuten zusammen. Wenige Jahre vor Baubeginn in Qal'at Sim'ān hat sich mit den Vorgängen in Qalblōze das Gesamtbild in den zentralen und nördlichen Regionen noch einmal tiefgreifend verändert.

117

Die Basilika von Bettir

Nach Fertigstellung der Basilika von Qalblōze wurde in dem kleinen, nur wenige Hauskomplexe umfassenden Ort Bettir die dortige einschiffige Kirche – bevorzugter Kirchentypus in dieser Region – zu einer Weitarkadenbasilika umgebaut (Abb. 109). Die rechteckige Form des Altarraums, in der Folgezeit von zahlreichen Bauten des Bergmassivs übernommen, begegnet uns hier zum ersten Mal in einer datierten Kirche.

Es ist ein kleiner Bau, in dessen Innenraum die schweren Gesimse der weit gespannten Bögen fast erdrückend wirken (Abb. 109). Gut gearbeitet sind die Pfeilerkapitelle, die den Bau mit der Kirche in einem größeren Ort, dem nicht weit entfernten Dēḥes verbinden. Schlicht ist die Gestaltung des Außenbaus: Keine fortlaufenden Gesimse und das in Qalblōze eingeführte südliche *Martyrion*-Fenster in allereinfachster Ausbildung. Die Südtüren stehen in ihren Ornamentformen denen eines auf 475 n. Chr. datierten Hauses nördlich der Kirche so nahe, als wären sie von ein und demselben Steinmetzen gearbeitet. Für die komplizierteren Dekorationsformen wurde eine erfahrenere lokale Werkgruppe hinzugezogen und diese arbeitete mit Steinmetzen des Ortes zusammen. Die Kirchen von Bettir und Dēḥes sind charakteristisch für die Situation in mehreren Siedlungen des Ǧebel Bārīšā und il A'la im ausgehenden 5. Jh.: Ältere einschiffige Kirchen wurden durch «zeitgemäße», wesentlich reicher ausgestattete neue Bauten ersetzt. Oder auf eine neu errichtete einschiffige Kirche wurden Einzelzüge des großen Vorbildes übertragen, wie im Fall des Baus von Kfeir (Abb. 8), einem Nachbarort von Qalblōze.

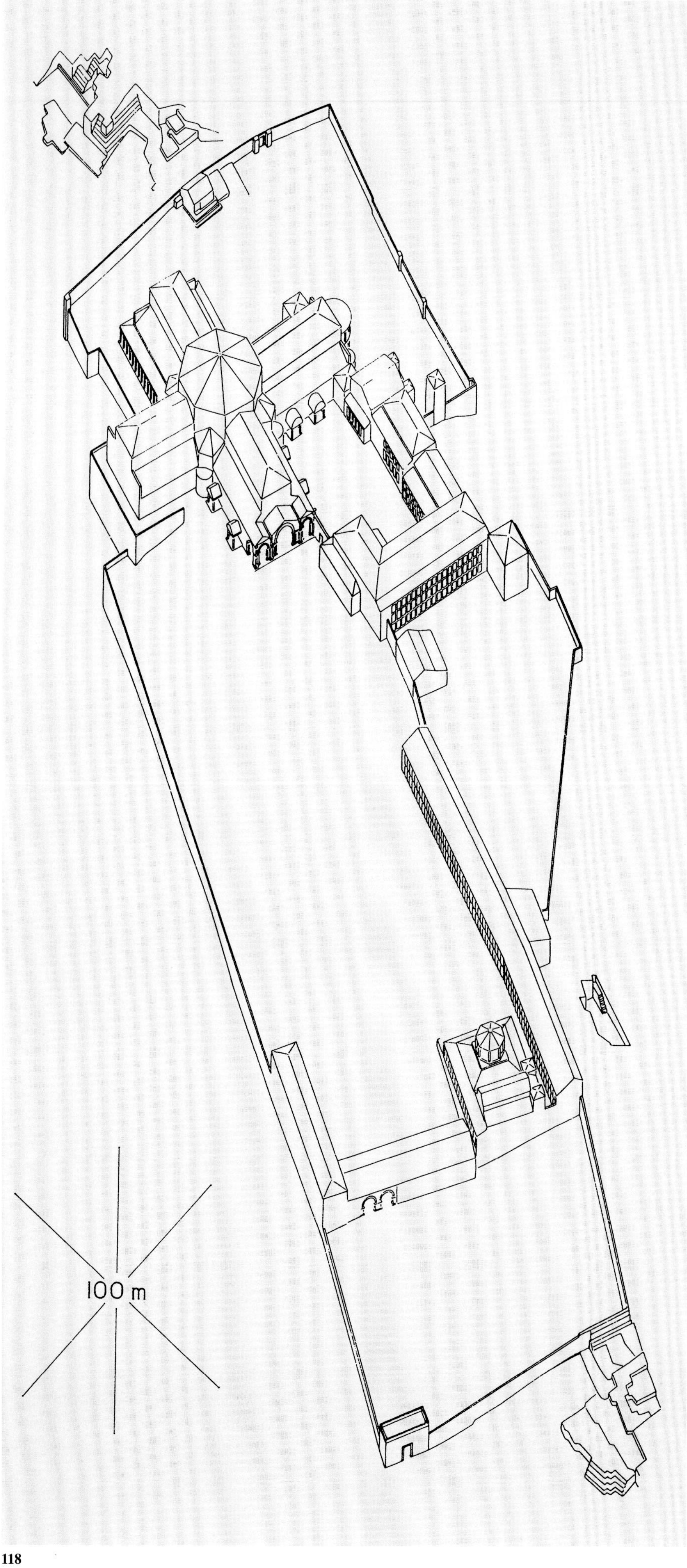

118

Die Kirche in Ḫerbet el Ḫaṭīb

Anders ist das Bild in der 473/4 n. Chr. fertiggestellten Kirche von Ḫerbet el Ḫaṭīb im Norden des Bergmassivs (Abb. 110). Nichts weist darauf hin, daß dem Architekten die Basilika von Qalblōze bekannt war: Eine geschlossene Westfassade, ein rechteckiges Sanktuarium mit zwei Nebenräumen, einfache ionische Säulenkapitelle, nur ein korinthisches Kapitell, Südtüren ohne profilierte Seitengewände und mit einfachem trapezoidem Gebälk (Abb. 110).

Wichtig ist die Aussage der Inschriften auf der Westtür der Südfassade dieses Sakralbaus. Sie sind in Griechisch und Syrisch abgefaßt und nennen das Datum sowie den Stifter der Kirche, einen gewissen *comes* Flavios Gaoulos. Ohne das Datum wäre die Kirche innerhalb der zweiten Hälfte des 5. Jhs. schwer einzuordnen, da sie ein Musterbeispiel für das Festhalten an älteren lokalen Bautraditionen ist. Der große Kontrast zu den etwa gleichzeitigen Bauten von Bettir und Dēḥes ist charakteristisch für die Werkstattssituation in der Antiochene nach Fertigstellung der Basilika von Qalblōze.

Blicken wir mit der Tür der 507 n. Chr. fertiggestellten Kirche von Ḫerbet Ḥaṣan voraus auf das 6. Jh.: Einfachste Türen mit trapezoidem Sturz (Abb. 111) bleiben die bevorzugte Form bestimmter lokaler Werkgruppen bis zum Anfang des 7. Jhs. Aber mit der kreuzförmigen Anlage von Qal'at Sim'ān kamen in den letzten Jahrzehnten noch einmal zahleiche Neuerungen in das Bergmassiv, die von lokalen Werkleuten aufgegriffen wurden und die Situation abermals einschneidend veränderten. Auf dem Sturz in Ḫerbet Ḥaṣan ist es der Kontrast zwischen traditionellen Blattformen und kontrastreichen Flächenmustern, der unübersehbar auf den Einfluß des großen Zentrums verweist.

Abb. 118 Qal'at Sim'ān, perspektivische Rekonstruktion der Gesamtanlage mit Rekonstruktion der Kuppel über der Säule, und das heißt über dem zentralen Oktogon der kreuzförmigen Anlage.

Abb. 119 Qal'at Sim'ān, kreuzförmige Anlage, Ostkirche. Kapitell, Archivolte und Innengesims der Hauptapsis mit dem für alle Kreuzarme charakteristischen Kontrast zwischen flächig-kontrastreichen und traditionellen, pseudonaturalistischen Blatt- und Rankenformen.

119

Das Wallfahrtsheiligtum von Qal'at Sim'ān

Das eindrucksvollste Pilgerheiligtum frühbyzantinischer Zeit, auf einer Anhöhe oberhalb des antiken Ortes Telanissos gelegen (Abb. 112), wurde zum ersten Mal in den großartigen Zeichnungen der Publikation Melchior de Vogüés vorgestellt (Abb. 11). Mit einer überbauten Fläche von circa 16 000 m² (Abb. 112, 118) bildet es einen gewaltigen Baukomplex mit einer Fülle von Informationen zum Pilgerwesen und zur Architekturgeschichte des ausgehenden 5. Jhs.

Vom Pilgerort Telanissos (Deir Sim'ān) aus wurden die Pilger in antiker Zeit zu einem Eingangsbogen geführt, der sie auf die *Via Sacra* führte (Abb. 113). Nach dem Anstieg hatten sie die Möglichkeit, sich direkt nach der Ankunft im heiligen Bezirk in dem dort gelegenen Baptisterium *in loco sancto* taufen zu lassen und danach erst einmal in einer der Herbergen zu übernachten.

Die letzte Etappe ihrer langen und beschwerlichen Pilgerreise war ein großes Erlebnis: Wenn die letzten hundert Meter zu der weithin sichtbaren, prunkvollen Eingangsfassade (Abb. 114) zurückgelegt waren, wurde der Blick aufs Innere noch nicht freigegeben, da der Mittelteil der Westfassade durch einen breiten Mauerzug geschlossen war (Abb. 115). Erst nach Betreten des südlichen Kreuzarmes stand der Reisende vor dem lang erwarteten Ziel, der Säule des hlg. Symeon (Abb. 112).

Bauinitiative und Bauzeit

Um verstehen zu können, wie es zu dem gewaltigen, die finanziellen wie architektonischen Möglichkeiten des Bergmassivs weit überschreitenden Bauvorhaben kam, müssen wir uns einzelne Fakten aus dem Leben Symeons d. Ä. und die Situation nach seinem Tod vergegenwärtigen.

Als Symeon 459 starb, existierte auf dieser Anhöhe nichts außer der 17–18 m hohen Säule, deren Fuß von Schranken umschlossen war. Gegen den größten Widerstand der Einwohner des Bergmassivs und unter dem Schutz von 600 Soldaten war sein Leichnam in die Hauptstadt Antiochia überführt worden.

Wichtig sind die historischen Ereignisse in den Jahren nach 459 n. Chr.: Der spätere byzantinische Kaiser Zenon wurde 464 *magister militum* in Antiochia. Wenige Jahre zuvor hatte der berühmteste Schüler Symeons, Daniel Stylites, vor den Toren Konstantinopels eine Säule bestiegen. Er war in Kontakt nicht nur mit Kaiser Leon, sondern auch mit Zenon, nachdem dieser Kaiser geworden war. Zwischen 471 und 474 wurde aufgrund seiner Initiative in Konstantinopel ein Gedenkbau für Symeon d. Ä. errichtet.

Es war Georges Tchalenko, der nach umfassender Untersuchung der Gesamtanlage von Qal'at Sim'ān und nach Diskussion der historischen Fakten als erster nachwies, daß ohne kaiserliche Initiative und Finanzierung und ohne die Unterstützung des Vorhabens durch die syrische Hauptstadt das gewaltige Bauvorhaben nicht hätte realisiert werden können. Einen Anhaltspunkt dafür, daß die Bauarbeiten kurz nach 475 n. Chr. begannen, gibt die 472/3 verfaßte syrische Vita Symeons, die von einem Bauvorhaben oder einem Baubeginn in Qal'at Sim'ān nichts berichtet. Das Ende der Arbeiten an den Hauptteilen des Baukomplexes kann dagegen durch die Phokaskirche im Nachbarort Bāṣūfān (491–496 n. Chr.) auf ca. 490 n. Chr. datiert werden, da in diese wesentliche Einzelzüge der kreuzförmigen Anlage eingegangen sind. Die rekonstruierbare Zeitspanne von etwa 15 Jahren ist relativ kurz für einen so umfangreichen Baukomplex. Sie setzt voraus, daß eine große Anzahl von Steinmetzen für die Arbeiten zur Verfügung stand.

Bauform und Funktion der kreuzförmigen Anlage

Von dem zentralen Oktogon, das die Säule umgibt, gehen vier Kreuzarme aus (Abb. 112, 118). Alle Trakte sind dreischiffig durchgestaltet, doch nur der Ostarm wurde als Kirche, in der die Liturgie stattfand, ausgebildet, während die anderen auf die Säule ausgerichtete Versammlungsräume sind. Der Kirchenraum konnte gegen die anderen Kreuzarme abgeschlossen werden, sodaß diese außerhalb der Liturgie im zentralen Oktogon ihr kultisches Zentrum hatten.

Alle Kreuzarme waren also auf das Oktogon mit der kostbaren Memorie in seiner Mitte ausgerichtet und zugleich hatte letzteres in der Ostkirche ein Gegengewicht, wenn dort, in Öffnung zur Säule hin, Liturgie gefeiert wurde.

Die Grundrißzeichnung (Abb. 112) gibt eine Vorstellung von der Größe des Oktogons (30 m Durchmesser). Sie läßt zugleich verstehen, warum schon früh die Frage aufkam, ob es überhaupt überdeckt gewesen ist. Jüngste Grabungen in seinem Inneren haben – über ältere Untersuchungen hinausführend – weitere Anhaltspunkte für die einzig denkbare

Abb. 120 a.b Qal'at Sim'ān: a) korinthisches Kapitell mit windbewegtem Akanthus aus der Ostkirche; b) Kapitell desselben Typus mit gegeneinander bewegten Blättern in der Moschee Hallewiyye, Aleppo.

Abb. 121 a.b Qal'at Sim'ān: a) windbewegtes korinthisches Kapitell mit negativen Dreiecksmustern aus der Ostkirche; b) Variante des korinthischen Kapitells in der Transeptkirche des 6. Jhs. von El Bāra.

Abb. 122 a.b Qal'at Sim'ān: a) südlicher Kreuzarm, Ausschnitt aus der Westtür der Südfassade; b) nördlicher Kreuzarm, Fensterkapitell der Nordfassade, beides Arbeiten lokaler Steinmetze.

120a

120b

121a

121b

Überdeckung, und d. h. für die Konstruktion einer Holzkuppel ergeben. Diese wäre jedoch mit circa 25 m Höhe wesentlich niedriger anzusetzen, als Daniel Krencker in seiner Rekonstruktion von 1937 angenommen hatte (Abb. 118, Rekonstruktion 1983).

Die Kombination von zentralem Oktogon und vier Kreuzarmen hat architekturhistorisch eine lange Vorgeschichte: Kreuzförmige Kirchen stehen in der Tradition der berühmten Apostelkirche von Konstantinopel, und die Geschichte oktogonaler Zentralbauten führt von dem auf Kaiser Konstantin zurückgehenden Oktogon von Antiochia zu einer ganzen Reihe von Zentralbauten innerhalb und außerhalb Syriens.

Die Bauhütte von Qal'at Sim'ān und die Werkgruppen des Kalksteinmassivs

Der Einfluß der Bauten von Qal'at Sim'ān auf die Architektur des Bergmassivs war so groß, daß der Frage nach der Herkunft der zahlreichen am Bau beteiligten Steinmetzen besondere Bedeutung zukommt. Daß der leitende Architekt aus einem städtischen Zentrum kam, ist nicht zu bezweifeln, und ebenso sicher läßt sich nachweisen, daß Werkgruppen aus den großen syrischen Städten für die Ausführung der Dekorationsformen hinzugezogen wurden. Wie groß aber war die Beteiligung von Steinmetzen aus dem Bergmassiv? Daß die Arbeiten im Steinbruch, die Herrichtung des Terrains und die Bearbeitung der Quader in ihren Händen lagen und nur mit der großen Anzahl der zur Verfügung stehenden lokalen Arbeitskräfte die Fertigstellung der Anlage in der gegebenen Zeit zu realisieren war, ist mehr als nur wahrscheinlich. Wurden ihnen aber auch Teile des gewaltigen Dekorationsprogramms der Archivolten, Kapitelle und Türen übertragen?

Die Zusammenarbeit städtischer mit lokalen Werkleuten war das große Thema der Bauten von Brād, El Bāra und Qalblōze. Wir konnten mit ihr wenigstens einen Teil der in den Städten nicht erhalten gebliebenen Produktion fassen und sahen, wie sich ein breit differenziertes, höchst gegensätzliches Bild nebeneinander arbeitender Werkgruppen entwickelte.

In Qal'at Sim'ān erfuhren diese Vorgänge eine Steigerung, die über die vorangehenden Bauten weit hinausführte: Mit der kreuzförmigen Anlage blieb uns ein repräsentativer Teil der Architektur und Baudekoration des späten 5. Jhs. erhalten, die in der syrischen Metropole

122a

122b

Antiochia und anderen nordsyrischen Städten verlorenging. Darüberhinaus haben wir zum ersten Mal die Möglichheit, die Weiterbildung einiger in Qal'at Sim'ān vertretener Hauptformen der Kapitellplastik in einem späteren Bau der Stadt Beröa (Aleppo) zu verfolgen. In der Kirche, die in die dortige Moschee Hallewiyye eingegangen ist, finden wir die engsten Parallelen für die normalen und windbewegten korinthischen Kapitelle (Abb. 120), die für die Ostkirche von Qal'at Sim'ān von städtischen Werkleuten gearbeitet wurden.

Alle Säulenarkaden im Inneren der vier Kreuzarme sind eingestürzt, doch läßt sich ihr ehemaliges Erscheinungsbild gut rekonstruieren, weil alle wichtigen Elemente des Aufrisses erhalten blieben. Wir gehen aus vom Ostarm, in dem die für den ganzen Bau bindenden Grundformen des Dekorationssystems von städtischen Werkleuten ausgearbeitet wurden.

Es ist faszinierend zu sehen, wie alle wesentlichen, in Qalblōze quasi im Ansatz ausgebildeten Formen weitergebildet wurden: Die doppelgeschossige, außen vorgelagerte Säulenstellung der Apsiden (Abb. 116, 117), die fortlaufenden Gesimse der Fassaden (Abb. 116, 117) und die Darstellung der Blatt- und Rankenformen (Abb. 119). In ihnen klingen die beiden Hauptthemen, die Ausbildung neuer Formen in Auseinandersetzung mit antiker Baudekoration und der bewußt aufgesuchte Kontrast zwischen flächig-kontrastreichen und akzentuiert gekerbten, «klassischen» Blattformen an (Abb. 119, 120, 121).

Wenn der heutige Besucher von Qal'at Sim'ān sich vergegenwärtigt, daß die vor den Innenwänden der Kreuzarme stehenden Kapitelle – einmal mit windbewegten, ein andermal mit geraden Blättern; hier mit tief schattenden Dreiecksmustern in glatter Blattfläche, dort mit «klassisch» ausgearbeiteten Blattformen (Abb. 119) – alle nebeneinander in ein- und derselben Säulenreihe jedes Kreuzarmes saßen, dann hat er eine Vorstellung von dem ganz eigenen, nur in Syrien anzutreffenden Charakter der Baudekoration einer städtischen Kirche des späten 5. Jhs.

Trotz der Vorgabe bindender Grundformen ist der Befund in den einzelnen Kreuzarmen vielfältig und abwechslungsreich. Nur bei der Ostkirche ist die Gestaltung der Fassaden homogen, bei den anderen Kreuzarmen dagegen wechselt die Form und Gliederung der fortlaufenden Gesimse von einer Seite zur anderen (Abb. 116, 117). Die Türen sind höchst unterschiedlich in Gesamtform und Ornamentik, und die Kapitelle und Archivolten des Inneren zeigen nicht nur große Unterschiede im Können der einzelnen Steinmetzen, sie bieten auch eine Fülle von Varianten.

Aus dieser Vielfalt läßt sich rekonstruieren, daß die Dekoration der einzelnen Kreuzarme als Arbeitseinheiten an einzelne Gruppen vergeben wurde. Vor allem im West- und Südarm wurden lokale Steinmetzen in diese Werkgruppen integriert, und die von ihnen gearbeiteten Stücke unterscheiden sich teilweise erheblich von denen städtischer Werkleute (Abb. 122 a.b).

Unmittelbar nach Beendigung der Arbeiten in Qal'at Sim'ān läßt sich beobachten, daß die Kontraste zwischen gleichzeitig entstehenden Bauten des Kalksteinmassivs sich in erheblichem Maße vertieften: Einige Bauten prägt – vergleichbar dem Befund der Kirche von Bāṣūfān – die intensive Aufnahme und Weiterbildung der Hauptformen des großen Zentrums. In anderen dagegen wird bewußt an älteren lokalen Traditionen festgehalten und die Neuerungen aus Qal'at Sim'ān werden ganz oder weitgehend ausgeschlossen. Beispiele hierfür sind das windbewegte Kapitell mit gegeneinander bewegten Blättern aus der Kirche von Beröa, das in mehrere Sakralbauten der Antiochene vorkommt (Abb. 120, 142) und die Formenwelt der Bemakirchen von Bafetīn und Bankūsa (Abb. 143), die keinerlei Einfluß des großen Zentrums erkennen läßt.

Hausbauten in der Antiochene und Apamene

Wohnarchitektur in der zweiten Hälfte des 5. und im 6. Jh. n. Chr.

In den Arbeiten von H. C. Butler und G. Tchalenko und verstärkt in Untersuchungen jüngster Zeit wurde versucht, mit dem umfangreichsten Denkmälerbestand, den Hausbauten, die demographische, ökonomische und soziale Entwicklung in den einzelnen Regionen des Bergmassivs zu rekonstruieren. Mit Hilfe der Photogrammetrie wurden die topographischen Pläne zahlreicher Orte verbessert und eine große Anzahl noch aufrecht stehender Hausfassaden erfaßt. Die bisherigen Aufnahmen erlauben es, die Hauptzüge der Entwicklung zwischen 4. und frühem 7. Jh. zu rekonstruieren. Zukünftige Arbeiten werden durch die Aufnahme eingestürzter Bauteile und Ausgrabungsarbeiten in einigen Siedlungen die Voraussetzungen für eine Feinchronologie und für die Beantwortung einer ganzen Reihe noch offener Fragen schaffen.

Nach den Ergebnissen der bisherigen Arbeiten waren das 5. und 6. Jh. in allen Teilen des Bergmassivs eine Zeit wachsenden Wohlstandes. Sie manifestiert sich in der kontinuierlichen Vergrößerung vorhandener sowie der intensiven Errichtung neuer Häuser und dem aus diesem Befund rekonstruierbaren deutlichen Anstieg der Einwohnerzahl in allen Regionen. Im späten 6. Jh. dagegen sind ein deutlicher Rückgang der Bautätigkeit und Veränderungen im gesamten Baubetrieb zu beobachten, die sich auch im Befund der Inschriften widerspiegeln.

Die Häuser sind ökonomische Einheiten, Zentren von Wirtschaft und Produktion, die im 5. wie im 6. Jh. demselben Grundtypus folgen, sich aber in der Größe und in der Baudekoration erheblich voneinander unterscheiden. So leicht es ist, die Unterschiede zwischen den Hausbauten eines Ortes zu bestimmen, so schwierig ist es, von ihnen ausgehend, Fragen nach dem Besitzstand der Hauseigentümer und dem sozialen Gefüge innerhalb der dörflichen Gemeinschaft zu beantworten.

Ich werde im folgenden versuchen, mit einigen ausgewählten Bauten die Situation in den einzelnen Regionen so vorzustellen, daß der heutige Besucher des Bergmassivs einen Zugang zu dem kontrastreichen und gegensätzlichen Befund des fortgeschrittenen 5. und 6. Jhs. gewinnt.

Die zentralen und nördlichen Regionen

Beginnen wir mit einigen datierten Hausbauten der Antiochene. In Serǧible, einem Ort des Ǧebel Ḥalaqa, blieben zwei Häuser erhalten, die beide von dem Architekten Nonnos errichtet wurden und in die Jahre 470 bzw. 471 n. Chr. datiert sind. Bei weitgehender Übereinstimmung in der Gesamtkonstruktion unterscheiden sie sich durch die Gestaltung der doppelgeschossigen, der Südfassade vorgelegten Halle. Bei dem einen Haus werden die Architrave von einfachen Pfeilerstützen mit Kapitellen getragen, bei dem anderen stehen Pfeiler im unteren und Säulen mit korinthischen und ionischen Kapitellen im oberen Geschoß (Abb. 124). Die Türen der Südfassade sind hier wie dort ohne Profile: Ihr einziger Schmuck sind Ornamentmedaillons, die in die glatte Fläche der Türstürze eingearbeitet wurden (Abb. 124). Säulen und ihre Kapitelle sind wesentlich arbeitsaufwendiger als Pfeilerstützen und -kapitelle. Wir können also annehmen, daß die verschiedene Ausführung der beiden Häuser durch denselben Architekten von den finanziellen Mitteln seiner Auftraggeber bestimmt wurde.

In demselben Ort steht gegenüber der Westfassade seiner Gemeindekirche des 5. Jhs. die Tür eines Hauses, das leider nicht im Aufriß erhalten blieb. Mit ihren umlaufenden Profilen und ihrem Akanthus-Palmettenfries ist diese Tür (Abb. 125) dem Hauptportal der Kirche nahe und läßt sich in die zweite Hälfte des 5. Jhs. datieren. Ihre griechische Inschrift nennt Eusthatios *numerarios,* einen staatlichen Finanzbeamten, der möglicherweise für die Erhebung der Steuern in dieser Region zuständig war. Es ist anzunehmen, daß der Hausbesitzer Eustathios zu den wohlhabenden Landbesitzern von Serǧible gehörte. Sein Haus war nach Aussage seiner Tür und der in Fundlage erhaltenen Säulenkapi-

123

Abb. 123 Ruweiḥa, Ortsansicht, im Vordergrund Häuser mit einfachen Pfeilerportiken, im Hintergrund aufwendiger Hauskomplex des 5./6. Jhs.

Abb. 124 Serǧible, Haus des Architekten Nonnos (471 n. Chr.), Ansicht von Süden, Mittelteil der doppelgeschossigen Vorhalle mit ionischem Kapitell und Variante des korinthischen Kapitells.

telle das am reichsten ausgestattete des Dorfes, gefolgt von dem Bau des Jahres 471 n. Chr. Die einfacheren Häuser sind mit ihren Pfeilerstützen ohne Kapitell und den Ornamentmedaillons als einziger Dekorationsform dem Hausbau des Nonnos von 470 n. Chr. nahe.

Im Blick auf den Werkstattsbetrieb in dieser Region ist aufschlußreich, daß die Baudekoration der beiden aufwendigsten Häuser von Serǧible keine direkten Parallelen in den Dekorationsformen der Kirche hat. Doch der Abstand zu letzteren wie auch zu den Kapitell- und Türformen des Klosters in der Peripherie der Siedlung (Abb. 5) ist nicht groß. Mit den beiden Häusern, der Gemeindekirche und der Klosteranlage blieb uns folglich ein repräsentativer Ausschnitt aus der Produktion lokaler Werkgruppen des Ǧebel Ḥalaqa in der zweiten Hälfte des 5. Jhs. erhalten.

Im ausgehenden 5. und dann vor allem im 6. Jh. erfuhr die Ausstattung einiger Häuser des Ǧebel Sim'ān wie des Ǧebel Bārīšā und il A'la eine Bereicherung, die auf Neuerungen in der Sakralarchitektur zurückgeht. So zeigen zum Beispiel die fortlaufenden Gesimse der Vorhallen des Hauses von 510 n. Chr. in Refāde (Abb. 127) und des etwa gleichzeitigen Baus in Kaukanāyā (Abb. 126) den Einfluß der Formenwelt von Qal'at Sim'ān (Abb. 116), und die Säulenkapitelle ahmen Kapitellvarianten nach, die im 6. Jh. in der Kirchenarchitektur häufiger anzutreffen sind.

Mit den Häusern aus Serǧible, Kaukanāyā und Refāde habe ich die jeweils aufwendigsten Bauten eines Ortes vorgestellt. Anders ist das Bild der beiden auf 485 n. Chr. datierten Bauten von Dar Qitā (Abb. 27) sowie der von dem Architekten Simeon 479 n. Chr. errichteten Herbergen (Abb. 25) von Deir Sim'ān: Ihre Baudekoration ist auf einfachste Profile bzw. in den glatten Türsturz eingetiefte Ornamentmedaillons reduziert und ist damit den einfacheren Häusern von Serǧible vergleichbar. Die Bauten von Dar Qitā und Deir Sim'ān stehen hier stellvertretend für eine große Anzahl von Profanbauten des 5. und 6. Jhs. (Abb. 11, 24), die – vergleichbar dem Befund einiger Klosterbauten – keinerlei Einfluß der großen Bauten des 5. und 6. Jhs. zeigen, mit einfachsten Tür- und Ornamentformen gearbeitet wurden und ohne datierende Inschrift zeitlich schwer einzuordnen sind.

Das Gesamtbild eines Ortes der Antiochene wird also von der mehr oder weniger großen Spannweite zwischen allereinfachsten und höchst aufwendigen Hausbauten geprägt. Ein Teil dieser Kontraste geht auf die lange Siedlungsgeschichte zurück, erklärt sich also aus der Entwicklung von Mauertechnik und Baudekoration in der Zeit vom 4.–6. Jh. In einigen Fällen bezeugen jedoch die Inschriften, daß auch zwischen gleichzeitig entstandenen Bauten der Abstand groß sein konnte. Dies ist einer der Aspekte des Gesamtbefundes, der bewußt macht, wie sehr wir auf weiterführende Untersuchungen angewiesen sind, um Fragen nach dem sozialen Gefüge innerhalb einer Siedlung beantworten zu können.

124

Bevor wir zum Ǧebel Zāwiye übergehen, sei darauf hingewiesen, daß die Entwicklung der Hausarchitektur dieser Region in der Baudekoration so eigene Wege gegangen ist, daß bei Fragen der Feindatierung in der Regel der Vergleich mit datierten Bauten der mittleren und nördlichen Regionen nicht weiterführt.

Trennend wirkte sich vor allem die unterschiedliche Fassadengestaltung aus: So kommt zum Beispiel eine der Hauptformen der Fassaden in Qal'at Sim'ān, das Horizontalgesims der Außenwände (Abb. 116, 117), bei Häusern des Nordens selten vor (Abb. 127). Nicht auf die eigentliche Hausfassade, sondern auf die ihr vorgelagerte doppelgeschossige Halle konzentrierte sich dort der Aufwand der Dekorationsformen (Abb. 126, 127). Im Süden dagegen wurde die Hausfassade bei vielen Bauten reich ausgestaltet und gliedernde wie auch rahmende Gesimse spielten dabei im 5. und 6. Jh. eine große Rolle.

Hausbauten des Ǧebel Zāwiye

Bei der Vorstellung der ältesten Kirchen dieser Region wurde die Forschungssituation der Hausarchitektur des 4. und frühen 5. Jhs. mehrfach angesprochen. Im letzten Viertel des 5. und im 6. Jh. bewegen wir uns auf weitaus sichererem Boden, obwohl auch für die höchst eindrucksvollen Bauten dieses Zeitraumes datierende Inschriften die Ausnahme und Angaben über ausführende Architekten sehr selten sind.

Nur in dieser Region sind mehrfach Häuser mit mehr als sechs, ja bis zu dreizehn Einzelräumen zu finden. Diese Steigerung des Wohnraumes geht häufig darauf zurück, daß an einen älteren Bau im Laufe des 5./6. Jhs. ein oder zwei Häuser angebaut wurden (Abb. 91).

125

Während im Norden in der Regel Pfeiler die unteren Architrave der Hausportiken tragen und Säulen in beiden Geschossen nur in einigen Orten des Ǧebel Bārīšā öfter vorkommen, sind Pfeilerstützen im Ǧebel Zāwiye in dieser Zeit selten anzutreffen. Wenn auch bei der Interpretation dieses Befundes Vorsicht geboten ist, da die Entscheidung für Pfeiler im Untergeschoß auch als bewußte Akzentuierung des Obergeschosses als eigentlichem Wohnraum erklärt werden kann – die arbeitsaufwendige Gestaltung der Vorhallen in der südlichen Region ist auffallend (Abb. 10).

Korinthische Kapitelle, Blattfriese und Blattranken treffen wir bei Häusern des Ǧebel Zāwiye viel häufiger an als in den zentralen und nördlichen Regionen (Abb. 12, 92). Es überrascht jedoch, daß fast alle Hauptformen in der Tradition der großen Kirchen El Bāras stehen und über lange Zeit hin ohne tiefgreifende Veränderungen wiederholt werden.

Die Hauptcharakteristika dieser Baudekoration lassen sich anhand von zwei Bauten in Serǧilla veranschaulichen:

In dem Ort Serǧilla, dessen Thermenanlage und *Andron* schon vorgestellt wurden (Abb. 20–22), blieben mehrere Häuser des 5. und 6. Jhs. außergewöhnlich gut erhalten. Die beiden 1846 von Melchior de Vogüé publizierten Bauten haben sich in ihrem Erhaltungszustand kaum verändert, obwohl sie seit dem 19. Jh. wieder bewohnt werden. Das höher gelegene Haus Nr. 18 ist mit seinen Fassadengesimsen, der Ornamentik seiner Fenster und Türen und den toskanischen bzw. korinthischen Kapitellen seiner Vorhalle reich ausgestattet. Bemerkenswert ist, daß die mit viel Erfahrung ausgearbeiteten Kapitelle der oberen Säulen den «Musterkapitellen» der Kirche von Muǧleyya (Abb. 90 a) so nahe sind, daß eine Entstehung des Hauses im letzten Viertel des 5. Jhs. wahrscheinlich ist.

Das niedriger liegende Haus Nr. 17 wurde später errichtet. Die gliedernden Horizontalgesimse in Kombination mit umlaufenden Fenster- und Türprofilen sind außerordentlich charakteristisch für eine Gruppe von Hausbauten, die eng mit Kirchen- und Grabbauten des 6. Jhs. (Abb. 129, 151, 152) verbunden ist.

Während sich das Haus Nr. 17 und die ihm verwandten Bauten mit großer Sicherheit in das 6. Jh. datieren lassen, ist noch offen, wann die ersten Bauten mit ausschließlich gliedernden Horizontalgesimsen – zuerst in ein, dann in zwei Geschossen (Abb. 10) – errichtet wurden. Ein Blick auf die Sakralbauten des 5. Jhs. zeigt, wie sehr die Frage nach der

126

127

128

Beziehung zwischen Haus- und Kirchenarchitektur in dieser Region von der Rekonstruktion dieser Chronologie abhängt:

Die Fassaden der großen Kirchen des 5. Jhs. in El Bāra (Abb. 81), die wir vorsichtig in die Jahrzehnte zwischen 450 und 470 n. Chr. datierten, wurden ohne Horizontalgesimse gearbeitet, und umlaufende Profile besitzen allein die Hochgadenfenster. Wir wissen aber durch die Vorgänge in Qalblōze (Abb. 104–106), daß gegen 460 n. Chr. in den

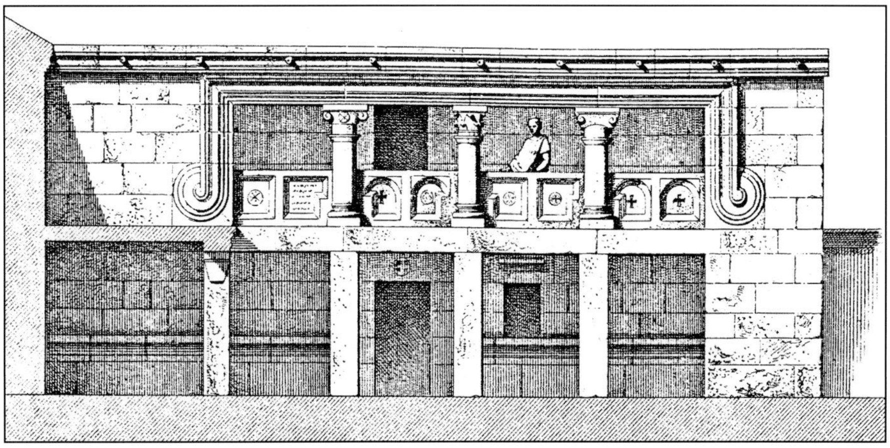

129

großen Städten die – über Vorstufen römischer Zeit hinausführende – Weiterbildung von fortlaufenden und gliedernden Gesimsen schon im Gange war. Ein erster Reflex auf die Vorgänge im städtischen Bereich findet sich in den Thermen von Serğilla (473 n. Chr.). Doch erst im frühen 6. Jh. treffen wir in der Kirche von Frikya (Abb. 129) sowohl die gliedernden wie die rahmenden Gesimsformen in einer dem Befund von Qal'at Sim'ān nahen Ausbildung an. In dieser Zeit führen sie so direkt zu Haus- und Grabbauten des Ğebel Zāwiye (Abb. 12, 93, 151, 152), daß an der Beeinflussung durch die Formenwelt des städtischen Bereichs in der Sakral- wie Profanarchitektur nicht zu zweifeln ist. Wie lassen sich die Hausbauten in diese Vorgänge der zweiten Hälfte des 5. und des frühen 6. Jhs. einordnen?

Viel spricht dafür, daß die Horizontalgesimse der Hausfassaden nicht von lokalen Werkstätten des Ğebel Zāwiye entwickelt wurden, sondern wie die der Sakralarchitektur auf die großen Städte zurückgehen. Ob im Süden des Bergmassivs in den Hausbauten dieses Dekorationselement eher aufgegriffen wurde als in den Kirchenbauten, muß vorläufig offenbleiben. Es ist jedoch anzunehmen, daß die ersten Häuser mit Gesimsen in beiden Geschossen nicht vor der zweiten Hälfte des 5. Jhs. entstanden und bis in das 6. Jh. hinein von einigen Werkstätten beibehalten wurden, während die Bauten mit einfachem Horizontalgesims wohl einige Jahre vor der Jahrhundertmitte aufkamen.

Abschließend sei hervorgehoben, daß die über viel Wohnraum verfügenden, in der Baudekoration aufwendigen Häuser keinen Zweifel daran lassen, daß es in den Siedlungen des Ğebel Zāwiye im fortgeschrittenen 5. und im 6. Jh. eine große Anzahl wohlhabender Landbesitzer gab.

Abb. 125 Serğible, Haus des Eusthatios, Tür mit umlaufenden Rahmenprofilen und Akanthus-Palmettenfries auf dem die Inschrift tragenden Sturz.

Abb. 126 Kaukanāyā, Haus 6. Jh., doppelgeschossige Vorhalle durch Einbau des heutigen Hauses geschlossen. Die Varianten der Kapitelle sind Nachbildungen von Kirchenkapitellen des 6. Jhs.

Abb. 127 Frikya, Kirche 6. Jh. (wohl 524 n. Chr.), Westfassade, Sturz der Haupttür.

Abb. 128 Frikya, Kirche 6. Jh. (wohl 524 n. Chr.), Südfassade mit Pilastergliederung im unteren Fassadenteil. Diese Pilastergliederung ist im Baptisterium von Qal'at Sim'ān zum ersten Mal belegt.

Abb. 129 Refāde, Haus (510 n. Chr.) mit doppelgeschossiger, unten von Pfeilern, oben von Säulen getragener Vorhalle, gerahmt von volutenförmig sich einrollenden Gesimsen.

Blütezeit und beginnender Niedergang

Das nordsyrische Bergmassiv im 6. Jh.

Die Geschichte der syrischen Metropole Antiochia im 6. Jh. ist geprägt von einer Folge von Katastrophen: Zwei schwere Erdbeben in den Jahren 526 und 528 n. Chr., denen zwei weitere in den Jahren 588 und 599 n. Chr. folgten, eine verheerende Pest im Jahr 542 n. Chr., die in der zweiten Hälfte des 6. Jhs. fünfmal zurückkehrte. Des weiteren sind mehrere Naturkatastrophen für ganz Syrien überliefert, die zweifellos auch die Städte in Mitleidenschaft zogen: Eine mehrmalige Heuschreckenplage, eine 553 n. Chr. ausbrechende und zwei Jahre wütende Rinderpest, sowie Perioden der Trockenheit und starker Winterfröste in den Jahren 607 und 611 n. Chr. Hinzu kamen die kriegerischen Ereignisse: Der Einfall der Perser und Araber in Nordsyrien im Jahr 531, die jahrelangen Kriege mit den Persern (540–561; 572–591 und 603–630 n. Chr.), die 541 n. Chr. zur Eroberung und systematischen Zerstörung zuerst Antiochias, dann 573 n. Chr. auch Apameas, mit anschließender Verschleppung eines großen Teils der Einwohner nach Ktesiphon führten. Darüber hinaus ist die erste Hälfte des 6. Jhs. geprägt von den heftigen Auseinandersetzungen innerhalb der Kirche zwischen Monophysiten und Orthodoxen, in deren Verlauf hunderte syrischer Mönche in der Hauptstadt Konstantinopel Zuflucht fanden, unterstützt von der Kaiserin Theodora.

Im Jahr 609 besetzte der Perserkönig Chosroes II. ganz Syrien, im Jahr 638 n. Chr. eroberten die Araber die Metropole Antiochia, die sich von den schweren Katastrophen des 6. Jhs. nicht mehr erholt hatte. In das Jahr 609 n. Chr. ist die letzte Kirche des Kalksteinmassivs datiert.

Das Kalksteinmassiv in der ersten Hälfte des 6. Jhs.: Höhepunkt der Bautätigkeit

Im Kalksteinmassiv ist die Zerstörung von Bauten durch Erdbeben im ganzen 5. und dann im Laufe des 6. Jhs. zu beobachten, doch von den kriegerischen Ereignissen des 6. Jhs. blieb es nicht nur weitgehend unberührt, sondern erlebte gerade in dessen erster Hälfte eine beispiellose Büte der Bautätigkeit. Schwer vorstellbar ist, daß die Naturkatastrophen der zweiten Hälfte des 6. und des frühen 7. Jhs. nicht auf das Bergmassiv übergegriffen haben sollten, doch gibt es dafür keine konkreten Anhaltspunkte. Eine wichtige Frage für die Rekonstruktion der Situation in der zweiten Hälfte des 6. Jhs. wird sein, wie sich der Niedergang in den Städten mit seinen Folgen für Handel und Wirtschaft auf den ländlichen Bereich auswirkte.

Von den erhaltenen ca. 50 Kirchen des 6. und frühen 7. Jhs. entstanden die meisten vor der Mitte des 6. Jhs., und fast alle freistehenden Baptisterien datieren ebenfalls in diesen Zeitraum. Die inschriftliche Überlieferung zu neu erbauten Häusern geht in der zweiten Hälfte des 6. Jhs. deutlich zurück, und in mehreren Fällen wird bei der Hausarchitektur mit der Nennung von drei bis vier Namen in einer Ausführlichkeit, wie wir sie uns für so manchen bedeutenden Bau wünschten, über die Konstruktion eines Hauses oder die Renovierung einer einzigen Säulen- oder Pfeilerhalle berichtet. Dagegen werden noch vier Kirchen inschriftlich in das letzte Viertel des 6. und das frühe 7. Jh. datiert und mindestens weitere fünf lassen sich aufgrund ihrer Dekorationsformen diesem Zeitraum zuordnen.

Einleitend ist festzuhalten, daß fast jeder Ort der zentralen und nördlichen Regionen zusätzlich zu einer schon existierenden Kirche vorangehender Zeit

130

mindestens eine weitere im Laufe des 6. Jhs. erhielt. Dagegen wurden in der südlichen Region bis jetzt nur acht Kirchenneubauten des 6. Jhs. – Klosterkirchen nicht mitgezählt – nachgewiesen, davon allein zwei in El Bāra (Abb. 78d, e). Dieser Befund ist besonders auffällig in Orten ohne intensive Nachbesiedlung wie Ǧerāde, Serǧilla, Šinšaraḥ, Dallōza.

Die zentralen Aussagen der Sakralarchitektur des 6. und frühen 7. Jhs., die ich im folgenden anhand einiger ausgewählter Bauten vorstellen werde, betreffen folgende Befunde: Die Steigerung des Pilgerbetriebs in den zentralen und nördlichen Regionen nach Fertigstellung des Pilgerzentrums von Qal'at Sim'ān und ihre Auswirkung auf die Dörfer der Antiochene. Die manchmal erstaunliche Größe und Ausstattung neu errichteter Kirchen in der Peripherie oder im Zentrum eines Ortes. Die sehr unterschiedliche Einstellung gegenüber den Neuerungen, die mit Qal'at Sim'ān in das Bergmassiv kamen – in der südlichen Region auf der einen, den zentralen und nördlichen Regionen auf der anderen Seite. Die auffallende Verarmung der Architektur- und Dekorationsformen in einzelnen Kirchen des späten 6. und frühen 7. Jhs.

Die Kirchen von Ḫerbet Ḥaṣan und Šeiḫ Sleimān

Die zweifellos interessanteste Bauinschrift des 6. Jhs. wurde in Altsyrisch abgefaßt und gehört zu einer der südlichen Fassadentüren der Kirche von Ḫerbet Ḥaṣan im Ǧebel Bārīšā. Sie wurde 507 n. Chr. fertiggestellt und ist als Bau mit rechteckigem Altarraum und zwei Türen in der Süd- bei geschlossener Westwand ein Musterbeispiel für lokale Bautraditionen nach Qal'at Sim'ān. Die Außenfassaden wurden ohne die in Qalblōze und Qal'at Sim'ān eingeführten fortlaufenden Gesimse gearbeitet und zeigen die aus Ḫerbet el Ḫaṭīb bekannten Türen mit trapezoidem Sturz (Abb. 111). Aufschlußreich ist der Befund der Bauplastik:

Die lokalen Werkleute verbanden korinthische Kapitelle mit den Weiterbildungen toskanischer und ionischer Kapitelle, die wir in Bankūsa und Bafetīn antreffen werden (Abb. 143) und imitier-

131

ten auf den Türen (Abb. 111) die Formgebung der Akanthusformen in der Baudekoration von Qal'at Sim'ān (Abb. 119). Die Kirche ist also ein Musterbeispiel für die Verbindung von älteren lokalen Traditionen mit einigen der in Qal'at Sim'ān eingeführten Neuerungen.

Die Bauinschrift teilt mit, daß neben den Hauptkosten von 580 nomismata (Goldmünzen) auch 430 Scheffel Bohnen, Weizen und Linsen aufgebracht wurden und d. h., daß nicht nur in Geld, sondern auch in Naturalien bezahlt wurde. Wir erhalten somit die kostbare Information, daß im Ǧebel Bārīšā neben Getreide auch Gemüse angebaut wurde. Da keine Namen von Einzelpersonen genannt werden, ist anzunehmen, daß die Naturalien- wie die Geldspenden von Einwohnern des Ortes aufgebracht wurden. Dagegen bleibt unsicher, was mit den Hauptkosten des Baus gemeint ist und welche Arbeiten mit den genannten Naturalien bezahlt wurden. Am wahrscheinlichsten ist, daß die Gesamtkosten für Architektur und Baudekoration in Goldmünzen bezahlt wurden, und die Naturalien für die Verpflegung der am Bau tätigen Werkleute aufgebracht wurden.

Die Inschrift der Kirche von Ḫerbet Ḥasan ist damit – vergleichbar dem Inschriftenbefund der Julianoskirche von Brād – eine der wenigen Inschriften des Kalksteinmassivs, die keinen Zweifel daran lassen, daß für die Kosten des Baus die Gemeinde selbst aufkam.

Im Laufe des 5. Jhs. erhielt Šeiḫ Sleimān, eine Siedlung des Ǧebel Sim'ān zwei Kirchen, von denen zumindest eine, die Kirche mit *Bema,* eine Gemeindekirche war. Die ältere der beiden späteren Kirchen, auf einer Anhöhe in der Nähe des Ortes gelegen (Abb. 130, 131), war zweifellos eine Pilgerkirche. Es ist eine Basilika mit Säulenarkaden im Inneren, halbrunder Apsis, flankiert von zwei doppelgeschossigen Nebenräumen mit Wohnräumen im Obergeschoß, westlicher Vorhalle und westlichem Vorhof mit Wohn-/Wirtschaftsgebäuden, die auf den Landbesitz der Kirche verweisen.

Konstruktiv vereinigt der Bau in sich alle Hauptzüge der Kirchenarchitektur dieser Region im späten 5. und frühen 6. Jh. Für den Charakter der unter dem lokalen Architekten Sergios arbeitenden Werkstatt sind die Dekorationsformen der Apsis (Abb. 132) und des Kircheninneren (Abb. 133) ebenso aufschlußreich wie die Formen der reich ausgestatteten westlichen Vorhalle (Abb. 134).

Die Archivolte des Apsisbogens (Abb. 132) und die sie tragenden Kapitelle sind in Einzelformen von dem Befund in Qal'at Sim'ān beeinflußt. Man muß allerdings genauer hinschauen, um dies zu erkennen, da die Formensprache der städtischen Werkleute in Šeiḫ Sleimān vereinfachend in ornamentale Muster umgesetzt wurde: Obwohl die negativen Dreiecksmotive des Vorbildes nachgebildet wurden, fehlt der Kontrast zwischen tief schattenden Dreiecksformen und »klassischem» Akanthus, der stilistisch das Gesamtbild der Baudekoration in Qal'at Sim'ān prägte (Abb. 119, 121).

Die äußerst einfachen ionischen und toskanischen Kapitelle der Säulenstellungen des Inneren (Abb. 133) und die korinthischen Kapitelle der Westhalle haben nicht nur in Kirchen-, sondern auch in Hausbauten des 6. Jhs. ihre Parallelen, sind aber in ihrer speziellen Aus-

Abb. 130 Šeiḫ Sleimān, Ansicht der Kirche des 6. Jhs. von Nordwesten, im Vordergrund Westfassade der Kirche von 602 n. Chr.

Abb. 131 Šeiḫ Sleimān, Kirche 6. Jh., Ansicht von Nordwesten.

132

133

prägung so eng mit älteren Bauten derselben Region verbunden, daß an der Herkunft der Werkgruppe aus dem Ǧebel Sim'ān nicht zu zweifeln ist. Den lokalen Charakter des gesamten Baus charakterisiert neben den Formen der Apsis am besten die Ranke der westlichen Haupttür (Abb. 134): Verschiedenste Motive unbefangen und flächenfüllend miteinander verbindend, bildet sie die Gegenwelt zu den «klassischen» Akanthusranken der in den Nachbarregionen zu etwa derselben Zeit entstehenden Bauten (Abb. 141).

Die einzige bis jetzt gefundene Bauinschrift der Kirche auf dem Portal der Nordfassade lautet: «hlg. Maria, Mutter Gottes. hilf Sergios dem Erbauer» und nach ihr wird in der heutigen Literatur der Bau als Marienkirche bezeichnet. Wir kennen also den Architekten, doch nicht den Auftraggeber. Offen ist, wer die Kirche finanzierte und welche Reliquien sie besaß, – der Anruf Mariens ist nur ein Hinweis darauf, daß die Kirche Maria gewidmet war. Da sich im Kircheninneren Berge eingestürzter Mauer-

134

Abb. 132 Šeiḫ Sleimān, Kirche 6. Jh., Ausschnitt aus der Apsisarchivolte.

Abb. 133 Šeiḫ Sleimān, Kirche 6. Jh., ionisches Kapitell der Säulenarkaden des Inneren.

Abb. 134 Šeiḫ Sleimān, Kirche 6. Jh., Mitteltür der Westfassade mit einer Weinranke auf dem Wulstprofil und Ornamentmedaillons als Füllornamenten.

Abb. 135 Šeiḫ Sleimān, Kirche 602 n. Chr., Tür der Südfassade mit volutenförmig sich einrollenden, profilierten Seitengewänden und Ornamentmedaillons auf dem Türsturz.

Abb. 136 Šeiḫ Sleimān, Kirche 602 n. Chr., Innenansicht, Nordwestteil. Die Säulen ersetzt durch Pfeiler, die Mauerquader auf der Innenseite unbearbeitet, einfache Rechteckfenster.

quader hoch auftürmen, der Befund also ungestört ist, sind bei der Freilegung weiterführende Ergebnisse zu erwarten.

Die zweite der in der Peripherie von Šeiḫ Sleimān gelegenen Kirchen (Abb. 130, 135–137) wurde 602 n. Chr. fertiggestellt. Sie ist neben der 609 n. Chr. vollendeten Kirche von Bābisqā der einzige in das frühe 7. Jh. datierte Kirchenbau. Im Inneren wurden die wesentlich mehr Arbeitsaufwand fordernden Säulen durch Pfeilerstützen ersetzt (Abb. 136), die Mauerquader blieben auf der Innenseite unbearbeitet, der ganze Innenraum ist in seiner Dekoration spartanisch einfach und bei den Fassadentüren wurden die umlaufenden Profile sowie der Medaillondekor des Türsturzes in die Quaderflächen einfach eingetieft (Abb. 135), dem Befund zahlreicher Häuser des 6. Jhs. vergleichbar (vgl. Abb. 11, 24, 124).

Die Gesamtaussage dieser Kirche- Reduktion und Vereinfachung in Konstruktion wie Dekoration- wiederholt sich in den letzten Kirchen einiger Orte derselben Region. Das Apsiskapitell einer dieser Bauten des späten 6. oder frühen 7. Jhs. im Ǧebel Sim'ān, der Kirche von Kalōta (Abb. 138), dokumentiert einen solchen Verfall handwerklicher Fertigkeit, daß sich die Frage erhebt, wie es dazu innerhalb von zwei bis drei Generationen kommen konnte.

Die Ostkirche von Beḥyo und die Kirche von Kefr Kīlā

Alle drei Bauten liegen im Ǧebel il A'la und sind durch enge Werkstattsbeziehungen miteinander verbunden. Die Kirche von Beḥyo ist eine Pfeilerbasilika, die anderen beiden Bauten sind Säulenbasiliken. Alle drei übernahmen intensiv die mit Qalblōze und Qal'at Sim'ān eingeführten fortlaufenden Gesimse der Außenfassaden (Abb. 139) und stehen mit ihren Tür- und Kapitellformen (Abb. 140, 141) teilweise in der Tradition der Markianoswerkstatt.

Die Weitarkadenbasilika von Beḥyo (Abb. 140, 141) ist mit etwas unter 20 m Länge klein im Vergleich zu der Kirche des 5. Jhs. am gleichen Ort. Sie ist im Inneren noch hoch verschüttet, doch sind die Anlage des weit ins Mittelschiff vorgreifenden Altarraumes, die Form der Apsisnebenräume und die Lage des Süd- und Westhofes gut zu erkennen.

Vergleichen wir die Gesamtaussage der Tür-, Kapitell- und Fassadengestaltung bei allen drei Kirchen mit dem Befund der Kreuzarme von Qal'at Sim'ān, so ist diese überraschend anders: Nicht das spannungsvolle Miteinander von

135

136

flächig-geometrischen und pseudonaturalistischen, fein gekerbten Blatt- und Rankenformen prägen das Gesamtbild, sondern der Kontrast von glatt ausgearbeitetem Akanthus und tief gekerbten, in hohem Relief und starker Bewegung wiedergegebenen Ranken und Blattfriesen (Abb. 140, 141)

Stücke in diesem fast barock anmutenden Stil wurden bis jetzt in keinem Bau des Ǧebel Zāwiye gefunden, sind allerdings eine Ausdruckform neben der aus Q. Sim'ān bekannten Formenwelt in anderen Kirchen der zentralen Regionen der Antiochene, wie zum Beispiel in den großen Kirchen des 6. Jhs. in Bankūsa (Abb. 142, 144) und Me'ez. Für die Situation im 6. Jh. ist wichtig, daß Dekorationsformen in hohem, differenziert durchgestaltetem Relief in der letzten Kirche des Markianos zum ersten Mal auftauchen, in Qalblōze sich als Beitrag lokaler Werkleute wiederholen, in der Kirche des 5. Jhs. von Me'ez den Ostbereich beherrschen und im 6. Jh. das Gesamtbild nicht nur der drei genannten Kirchen, sondern auch anderer Bauten des Ǧebel Bārīšā prägen.

Daß hier eine oder zwei lokale Werkstätten des 6. Jhs. bewußt die Kontinuität zu vorangehenden Bauten derselben Regionen aufsuchen, ist nicht zu bezweifeln. Es läßt sich jedoch nachweisen, daß auch diese Formgebung im städtischen Bereich ausgebildet wurde: Wir treffen sie im 6. Jh. als eine Darstellungsform neben anderen in den nun folgenden Bauten von Bafetīn, Bāqirḥā und Bankūsa an.

Die Kirchen von Bafetīn, Bāqirḥā und Bankūsa

Die wichtigste Aussage auch dieser drei Kirchen ist ihr Verhältnis zu den älteren Bauten am selben Ort, die alle ein *Bema* besitzen, also als Gemeindekirche der jeweiligen Siedlung fungierten. Letztere sind wesentlich kleiner als die auf sie folgenden Bauten des 6. Jhs. und wurden entweder im frühen 6. Jh. neu erbaut oder durch Um- und Einbauten modernisiert.

Die große Kirche von Bafetīn wurde gegen 530 n. Chr., die in Bankūsa (Abb. 144) vor der Mitte des 6. Jhs. und die Kirche von Bāqirḥā (Abb. 146) im Jahr 546 n. Chr. fertiggestellt. Der Gegensatz zwischen ihren Architektur- und Dekorationsformen und denen der älteren Bauten ist denkbar groß und er führt weitgehend nach Qal'at Sim'ān zurück. Dies überrascht, weil die Bauarbeiten bei den jeweiligen Gemeindekirchen am gleichen Ort zwar an den Anfang des 6. Jhs. datieren, doch keinerlei Einfluß des großen Zentrums erkennen lassen.

In der kleinen *Bema*-Kirche von Bankūsa gehören die Quader der Außenmauern großenteils zu einem Bau römischer Zeit. Der jetzige Bau ging aus dem Umbau eines älteren hervor: Der Ostteil und die Säulenstellungen des Inneren gehören dem frühen 6. Jh. an. Die Bemakirche von Bafetīn dagegen ist aus einem Guß. Bemerkenswert in der Gesamtkonstruktion beider Bauten ist die Verwendung von «arcuated lintels» in der Arkadenhochwand, den architravähnlichen Elementen, die wir in der Apamene so häufig antrafen (Abb. 87).

Die *Bema*-Kirchen von Bafetīn und Bankūsa gehören zu einer ganzen Gruppe lokaler Bauten, in denen sich bestimmte Kapitell-, Tür- und Gesimsformen in wechselnder Zusammensetzung wiederholen. Als Weiterbildungen schlagen sie eine Brücke zu älteren Bauten derselben Region (Abb. 14, 70, 71) und wurden wie im 5. Jh. von denselben Werkstätten auch für Hausbauten gearbeitet (s. S. 40).

Die kelchförmigen, als Weiterbildungen aus der Gruppe der toskanischen Formen hervorgegangenen Kapitelle, die im Rückblick auf ältere Formen «erneuerten» ionischen Kapitelle und die korinthischen Kapitelle mit glattem bzw.

137

138

Abb. 137 Šeiḫ Sleimān, Kirche 602 n. Chr., Ansicht von Norden.

Abb. 138 Kalōta, Kirche, Ende 6./Anfang 7. Jh., Pilasterkapitell des Apsisbogens und Vorlagekapitell der nördlichen Arkaden.

Abb. 139 Kefr Kīlā, Kirche des 6. Jhs., Ansicht des Ostteils von Südosten. Die Quader des hohen Podiums sind niedrig und längsrechteckig in bewußter Nachahmung eines antiken Tempelpodiums.

detailliertem Akanthus (Abb. 143) stehen als vollkommen eigene Formenwelt dem Dekorationsprogramm der Werkgruppen gegenüber, die für die großen Kirchen herangezogen wurden (Abb. 142, 145).

Die große Kirche von Bankūsa, weithin sichtbar und wie ein antiker Tempel gelegen, überragt die Silhouette des Ortes mit seinen einfachen Häusern (Abb. 144). Die imposante, hervorragend erhaltene Ostseite mit ihrem der Apsis außen vorgelegten Säulensystem (die ursprünglich zweigeschossig übereinander stehenden Säulchen sind eingestürzt) läßt schon von weitem erkennen, daß wir es mit einer Kirche zu tun haben, die die Neuerungen von Qal'at Sim'ān aufnahm und weiterbildete (Abb. 116, 117). Dies gilt auch für die Fassadengestaltung und die Ausstattung des Inneren. Allerdings gehören dort neben den aus Qal'at Sim'ān bekannten Hauptformen der Kapitellplastik auch die aus Beḥyo bekannten (Abb. 141), in hohem Relief wiedergegebenen Blattformen (Abb. 142), die die Farbigkeit und Variationsbreite des Gesamtbildes mit einer neuen Ausdrucksform bereichern.

Auch die lokale Werkstatt der Nordkirche von Bafetīn – mit etwas über 30 m Gesamtlänge wesentlich größer als die Bemakirche am Ort und in der architektonischen Gestaltung ihrer Ost- und Westseite von ihr unterschieden – setzte sich im Innen- und Außenbau intensiv mit der Formenwelt von Qal'at Sim'ān auseinander. Zu ihrer Kapitellplastik gehört das windbewegte Kapitell mit gegeneinander bewegten Blättern (Abb. 145 c), was beweist, daß ihr die über Qal'at Sim'ān hinausführenden Neuerungen des städtischen Bereichs (Abb. 120) bekannt waren.

Hochinteressant ist der Inschriftenbefund der Kirche: Auf fast jedem der Säulenkapitelle blieb eine syrische Inschrift erhalten, in der sich, dort wo der Erhaltungszustand eine Lesung erlaubt, der ausführende Steinmetz selbstbewußt mit eigenem Namen und mit dem Namen seines Vater vorstellt (Abb. 145 a.b). Die Bedeutung dieses Befundes liegt darin, daß diese Kapitelle von lokalen Steinmetzen gearbeitet wurden, von denen uns einige in der Ostkirche von Bāqirḥā (546 n. Chr.) wiederbegegnen (Abb. 147, 148), und daß sie die Weiterbildung der Formensprache von Qal'at Sim'ān mit einem so großen handwerklichen Können vorführen, daß man ohne den Befund der Inschriften die Arbeit städtischer Werkleute vermuten würde.

In den Bauinschriften der berühmten Ostkirche von Bāqirḥā (546 n. Chr., Abb. 146) ist das Datum der Fertigstellung in Griechisch und Syrisch, die Information zu den am Bau beteiligten Diakonen Eusebios und Hannina dagegen nur in Altsyrisch gegeben. Wenn wir uns erinnern, daß auch in der vorangehend genannten Klosterkirche von Bāṣūfān (491–96 n. Chr.) und der Kirche von Ḫerbet Ḥaṣan (507 n. Chr.) die Inschriften in Syrisch abgefaßt wurden, so sehen wir hier einen Wandel im Gebrauch der Lokalsprache, der sich in mehreren Bauten des 6. Jhs. wiederholt. In Bāqirḥā ist er umso aussagekräftiger als die Kirche von einer der besten der lokalen Werkgruppen des 6. Jhs. errichtet wurde.

139

Fassen wir die wesentlichen Aussagen der Architektur und Ausstattung der Kirchen von Bāqirḥā und Bafetīn zusammen: Beide Bauten stehen mit Einzelformen der Gesamtarchitektur (rechteckiger Altarraum) in lokaler Bautradition des Ǧebel Bārīšā und Ǧebel il A'la und sind darin den kleinen Bemakirchen von Bafetīn und Bankūsa vergleichbar. Die Formensprache ihrer Baudekoration dagegen erscheint – obwohl wir es auch bei ihnen mit lokalen Werkgruppen zu tun haben –, wie die einer anderen Welt: Die üppigen Gesimse der Außenfassaden (Abb. 146) und die in Steigerung der Kontraste auf einem Kapitell vereinten Hauptformen der Kapitellplastik von Qal'at Sim'ān (Abb. 147) führen als Weiterbildungen zum städtischen Bereich. Dagegen stehen die Türformen (Abb. 148) in der Nachfolge der Markianoskirchen, eben der Werkstatt, die in derselben Region, dem Ǧebel Bārīšā, im 5. Jh. von größtem Einfluß war. Der Kontrast zu den Dekorationsformen der Marienkirche von Šeiḫ Sleimān und der *Bema*-Kirchen von Bafetīn und Bankūsa könnte nicht größer sein.

Die Kirchen von El Bāra, Muǧleyya und Ruweiḥa

Im Ǧebel Zāwiye blieben sehr wenige Kirchen des 6. Jhs. erhalten und dies ist, wie die Orte ohne intensive Nachbesiedlung moderner Zeit zeigen, nur zu einem geringen Teil auf die Zerstörung späterer Jahrhunderte zurückzuführen. Es fällt jedoch auf, daß die aufwendigsten Grabbauten des späten 5. und des 6. Jhs. zu Orten dieser Region gehören (Abb. 36.151)

Allein im Zentrum El Bāra wurden im 6. Jh. zwei weitere Kirchen errichtet

140

141

(Abb. 78 d.e) und wie im 5. Jh. führen Bautypus und Baudekoration oder letztere allein direkt zum städtischen Bereich. Die mit sehr viel Erfahrung ausgearbeiteten, und in ihrem innovativen Charakter einmaligen Kapitelle der Transeptkirche (Abb. 121, 149) wurden mit Sicherheit von städtischen Werkleuten gearbeitet und stehen einigen Kapitellen aus Apamea sehr nahe.

In keinem der bis jetzt bekannten Bauten des 6. Jhs. im Ǧebel Zāwiye wurde die Formenwelt von Qal'at Sim'ān nicht nur im Innen-, sondern auch im Außenbau so intensiv aufgenommen und weitergebildet wie in der Transeptkirche, und zumindest in der Kapitellplastik bietet die zweite Kirche des 6. Jhs. in El Bāra ein ähnliches Bild.

Auch die große Weitarkadenbasilika von Ruweiḥa (Abb. 150), wohl eine Pilgerkirche, führt aus dem Bergmassiv hinaus zu anderen bedeutenden Bauten desselben Bautypus. Sie geht in allen Zügen auf eine städtische Werkstatt zurück. Ihre Bauinschrift enthält kein Datum und nennt nur den Namen eines wohlhabenden Einwohners von Ruweiḥa: Bizzos, Sohn des Bardas. Die Tatsache, daß dieser große Baukomplex mit zwei aufwendigen Grabbauten im Inneren seines *Temenos* von einem einzigen Mann gestiftet wurde, der zudem direkt neben der Kirche sein Grab errichten konnte, ist eine der wichtigsten Informationen zur wirtschaftlich-sozialen Situation eines Ortes des Ǧebel Zāwiye im 6. Jh. Sie wird ergänzt durch die Aussage der aufwendigen Grabbauten in der Peripherie von El Bāra (Abb. 151). Sie lassen keinen Zweifel daran, daß es in dieser Region im späten 5. wie im 6. Jh. eine breite Schicht wohlhabender Landbesitzer gab.

Ganz anders als in diesen beiden Bauten, in denen städtische Werkstätten tätig waren, ist das Gesamtbild der Kirche des 6. Jhs. in Muǧleyya, dem Nachbarort El Bāras (Abb. 78 f, 79 c, 152). Die Wahl des Bautypus, eines oktogonalen Zentralbaus, ist ungewöhnlich: Zentralbauten führen architekturhistorisch immer in einen weiten Zusammenhang und sind in der Architektur des Bergmassiv äußerst selten anzutreffen. Dennoch ist gewiß, daß die ausführende Werkstatt der Kirche aus Muǧleyya oder einem seiner Nachbarorte kam: Die Säulen im Inneren tragen die architravähnlichen «arcuated lintels» und Konsolenkapitelle, die zu Häusern des 6. Jhs. in mehreren Siedlungen dieser Region führen; die Gestaltung der Fassaden (Abb. 152) läßt erkennen, daß der Bau nach Qal'at Sim'ān datiert, findet aber in allen Einzelformen ihre direkten Parallelen in den aufwendigsten Häusern des 6. Jhs. im Ǧebel Zāwiye (Abb. 4, 12, 92).

Aus dem Ǧebel Zāwiye wurde bis jetzt keine Kirche bekannt, in der sich eine lokale Werkstatt – vergleichbar dem Befund der Kirchen von Bafetīn, Bankūsa, Bāqirḥā, Beḥyo und Kefr Kīlā – intensiv mit der Formenwelt von Qal'at Sim'ān und ihrer Weiterbildung im 6. Jh. auseinandersetzte. Es erstaunt, daß in der südlichen Region das Gesamtbild der nebeneinander arbeitenden Werkstätten nicht annähernd so differenziert ist wie das der zentralen und nördlichen Regionen: Zwischen den Extremen der Kirchen von El Bāra und Muǧleyya gibt es keine vermittelnden Übergänge. Der Gegensatz erinnert an die Situation der Hausbauten des späten 5. und 6. Jhs. und ließ uns im Vorangehenden vermuten, daß der Werkstattsbetrieb sich im Süden anders entwickelt hat als im Zentrum des Bergmassivs.

Wie aber ist es zu erklären, daß ausgerechnet in der Region, in der nicht nur die Haus-, sondern auch die Grabbauten des 6. Jhs. auf eine breite Schicht wohlhabender Landbesitzer schließen lassen, außerhalb El Bāras deutlich weniger Kirchen errichtet wurden als in den anderen Gebieten des Bergmassivs? Eine Teilantwort geben der Pilgerbetrieb und die Situation der Werkstätten im 6. Jh.

Abb. 140 Beḥyo, Weitarkadenbasilika des 6. Jhs., Pfeilerkapitell des Inneren.

Abb. 141 Beḥyo, Südfassade, Sturz der Haupttür.

Abb. 142 Bankūsa, Kirche des 6. Jhs., Säulenkapitell des Inneren.

Abb. 143 a–d Bankūsa, Bema-Kirche, Ende 5./Anfang 6. Jh.; a.c. zwei kelchförmige Kapitelle; d) ionisches Kapitell; b) Bāfetīn, Bemakirche, frühes 6. Jh., korinthisches Kapitell des Inneren.

Der Pilgerbetrieb im 6. Jahrhundert

Nach Fertigstellung des Zentrums Qal'at Sim'ān fand der Säulenkult Symeons d. Ä. rege Nachfolge und in den nördlichen wie den zentralen Regionen entstanden eine ganze Reihe großer und kleiner Stylitenheiligtümer: Einige in der Nähe einer größeren Straße und in Verbindung mit einer gewaltigen Klosteranlage wie der von Turmanīn (Abb. 13), andere in unmittelbarer Nähe eines Ortes, wieder andere weit im Hinterland. Es ist darum mehr als wahrscheinlich, daß die Besucher des Pilgerzentrums von Qal'at Sim'ān – ob sie nun in Tagesreise aus Antiochia oder nach langer und beschwerlicher Pilgerfahrt aus weit entlegenen Ländern kamen – den Aufenthalt an der Säule Symeons mit dem Besuch weiterer Säulenheiliger oder dem Weg zu einigen Klöstern oder Kirchen mit wichtigen Reliquien verbanden. Diese im 6. Jh. sich herausbildende Situation eines weit über Qal'at Sim'ān hinausgreifenden Pilgerbetriebs könnte die Erklärung für die Errichtung so herausragender Bauten wie zum Beispiel der Kirchen von Bankūsa (Abb. 144) und Bafetīn (Abb. 145), der Marienkirche

142

143a

143b

143c

143d

von Šeiẖ Sleimān (Abb. 130, 131) und der Sergiuskirche von Dar Qitā (Abb. 26) sein.

Es ist denkbar, daß die genannten Bauten als Pilgerkirchen in der unmittelbaren Nähe eines Dorfes errichtet wurden und daß die Initiative für ihren Bau vom städtischen Bereich ausging. Gesetzt den Fall, diese Annahme trifft zu, so könnten wir annehmen, daß die Baukosten ganz oder zumindest teilweise von der Kirche oder Einwohnern der Städte getragen wurden.

Diese, in engem Zusammenhang mit dem gesteigerten Pilgerbetrieb formulierte These könnte die nicht aus der Entwicklung der Orte heraus erklärbaren Kontraste zwischen den Kirchen von Bafetīn und Bankūsa erklären. Sie könnte auch dazu beitragen, wenigstens einen Teilaspekt des niedrigen Gesamtbestandes an Kirchen und Klöstern im Ǧebel Zāwiye zu beleuchten: Die Errichtung der Pilgerzentren von Qalblōze und Qal'at Sim'ān im Norden des Bergmassivs und die Konzentration des Stylitenkultes auf die zentralen und nördlichen Regionen schufen im Norden Schwergewichte gegenüber dem Ǧebel Zāwiye, die sich trotz der geringen Entfernungen innerhalb des Bergmassivs im Laufe des 6. Jhs. trennend auswirkten. Als weitere Ursache für die Unterschiede zwischen dem Nord- und Südteil des Bergmassivs ist die unterschiedliche Entwicklung des Werkstattsbetriebs zu nennen.

Entwicklung des Werkstattsbetriebs im 6. Jahrhundert

Die Aufnahme der mit Qalblōze und Qal'at Sim'ān eingeführten Neuerungen im Bereich der Architektur wie der Baudekoration war in allen Regionen höchst unterschiedlich.

Die Weitarkadenbasilika, der im 5. Jh. neu eingeführte Bautypus, wurde nicht im Ǧebel Zāwiye, aber in den zentralen und nördlichen Regionen von lokalen Werkstätten aufgegriffen. Keiner der erhaltenen Bauten des 6. Jhs. ist in Größe und Ausstattung der «städtischen» Kirche von Ruweiẖa vergleichbar, doch zeigt der Befund, daß die neue Bauform fester Bestandteil lokaler Werkstätten im Nordteil des Bergmassivs geworden war.

Auf dem Gebiet der Baudekoration ist der Befund in den nördlichen und zentralen Gebieten breit aufgefächert. Wir sahen, daß im Ǧebel Sim'ān wie im Ǧebel Bārīšā und il A'la Kirchen errichtet wurden, die nur in wenigen Einzelformen den Einfluß der großen Bauzentren erkennen lassen (Abb. 133–135), sowie andere, die durchgehend an Formen lokaler Tradition festhielten und diese weiterbildeten (Abb. 143). Die Verbindung von Retardierendem und Fortschrittlichem innerhalb dieser Werkstätten ist der Grund dafür, daß ihre Bauten oft viel zu früh datiert wurden – so nahm zum Beispiel Butler nahm an, daß die Marienkirche von Šeiẖ Sleimān dem 4. Jh. angehört.

Der sehr partiellen Aufnahme in dieser Gruppe von Werkstätten steht die intensive Auseinandersetzung mit der städtischen Formenwelt in einer erstaunlich großen Anzahl von Bauten des Ǧebel Bārīšā und il A'la gegenüber (Abb. 145, 147, 148, 139–141). Das große handwerkliche Können, das wir bei diesen Werkleuten antreffen, und ihre intime Kenntnis der Produktion städtischer Werkstätten des 6. Jhs. sprechen dafür, daß sie in diesem Jahrhundert auch Aufträge außerhalb des Bergmassivs übernahmen. Mit ihnen hat die Entwicklung professionell arbeitender lokaler Werkgruppen, die Ende des 4. Jhs. mit der Zusammenarbeit des Julianos, Marinos und Markianos begann, ihren Höhepunkt erreicht.

Es ist faszinierend zu sehen, wie sich durch die unmittelbare Nähe zur Metropole Antiochia, die Tätigkeit der Markianoswerkstatt und die mit der Basilika von Qalblōze verbundenen Vorgänge im Zentrum des Bergmassivs eine Werkstattsituation herausbildete, die weder

144

Abb. 144 Bankūsa, Große Kirche des 6. Jhs., Ansicht des Ostteils. Die dem Außenrund der Apsis vorgelegten Säulen sind eingestürzt.

Abb. 145 a–c Bāfetīn, Große Kirche des 6. Jhs.: Säulenkapitelle des Inneren mit syrischer Inschrift.

Abb. 146 Bāqirhā, Ostkirche (546 n. Chr.), Ansicht der Westfassade.

Abb. 147 Bāqirhā, Säulenkapitell des Inneren, das die miteinander kontrastierenden Darstellungsformen des Akanthus auf einem Kapitell vereint.

145a

145b

145c

146

im Ǧebel Sim'ān, noch im Ǧebel Zāwiye eine Parallele hat.

Im Kirchenbau des Ǧebel Zāwiye wurde bis weit in das 6. Jh. hinein bei der Konstruktion der Säulenhochwand an den architravähnlichen «arcuated lintels» (Abb. 87) festgehalten. Das bedeutet: Es gibt keine Parallele für die Aufnahme und fortschreitende Verbesserung der Säulenarkaden-Hochwand in den lokalen Werkstätten der zentralen und nördlichen Regionen, die dort das ganze 4. und frühe 5. Jh. prägte. In der südlichen Region wirkt der Innenraum einiger Kirchen noch im späten 5. Jh. altertümlich im Gegenüber zu Bauten im Nordteil des Bergmassivs.

Ausschlaggebend für die Entwicklung des Werkstattsbetriebs im Ǧebel Zāwiye waren die Vorgänge im dortigen Zentrum El Bāra, die im 5. Jh. keine Fortsetzung in bedeutenden Bauzentren, vergleichbar denen von Qalblōze und Qal'at Sim'ān, fanden. Die in El Bāra von städtischen Werkleuten eingeführten Architektur- und Dekorationsformen (Abb. 82–84, 85 b) kombiniert mit einigen Hauptformen lokaler Tradition (Abb. 85 a, 86 a) prägten bis weit in das 6. Jh. hinein das Gesamtprogramm lokaler

147

148

149

Werkstätten, das im späten 5. und 6. Jh. nur durch wenige Neuerungen erweitert wurde.

Die grundverschiedene Ausgangssituation im 4. und frühen 5. Jh. und die überragende Stellung El Bāras haben zweifellos dazu beigetragen, daß sich das Gesamtbild der nach- und nebeneinander arbeitenden Werkstätten des Ǧebel Zāwiye weitaus weniger differenziert gestaltete als das der nördlichen und zentralen Regionen. Daß es im Kirchenbau des 6. Jhs. in diesem Gebiet des Bergmassivs – von El Bāra einmal abgesehen – keine Werkgruppen gab, die denen der Kirchen von Bafetīn und Bāqirḥā, Kefr Kīlā und Beḥyo vergleichbar wären, ist weitgehend auf diese Entwicklung zurückzuführen.

Abschließend komme ich noch einmal auf die Frage der Auftraggeber wie der Finanzierung von Sakralbauten zurück. Wir trafen an: In Ruweiḥa einen gewaltigen Baukomplex, finanziert von einem Einzelnen; in Ḫerbet Ḫasan und Bafetīn eine Gemeindekirche, deren Kosten gemeinschaftlich von den Einwohnern eines Ortes getragen wurden; in Bankūsa ein älterer Bau, der durch Umbauten modernisiert wurde; in Bankūsa und Bafetīn Pilgerkirchen, die als dritte oder vierte Kirchenanlage in der Peripherie eines Ortes oder in deutlichem Kontrast zur wenige Jahrzehnte älteren Gemeindekirche stehen und vermuten lassen, daß Bauinitiative und Finanzierung vom städtischen Bereich ausgingen. Die Gegensätze erinnern an Bauten des 5. Jhs., haben sich jedoch im Laufe des 6. Jhs. vertieft.

Warum wurden die meisten Orte des Kalksteinmassivs nach dem 7. Jh. verlassen?

Im Gefolge der arabischen Eroberung Syriens wurden die Siedlungen des Kalksteinmassivs nicht zerstört. Die Ausgrabungen des Ortes Dēḥes haben zudem die wichtige Information gebracht, daß selbst ein Ort im Inneren des Bergmassivs bis in das 8. Jh. hinein weiter besiedelt war – ein Befund, den Georges Tchalenko zwar für eine ganze Reihe von Orten an den Rändern und in den Ebenen aufgezeigt hatte, für die zentralen Regionen aber ausschloß.

Die erste ausführliche Diskussion der Gründe, die zum Verlassen der Orte geführt haben könnten, stammt von Georges Tchalenko. Da seinen Hauptthesen in Arbeiten jüngerer Zeit widersprochen wurde, ist es gut, einleitend die Argumentation Tchalenkos kurz vorzustellen.

Nach Tchalenko wurde die Olivenbaumkultur im Bergmassiv als Monokultur betrieben. Der Getreideanbau hatte seinen Schwerpunkt in den großen Ebenen Zentralsyriens, Viehhaltung in den Steppen der Euphratesia. Wichtigste Abnehmerin für das Olivenöl war die Metropole Antiochia, gleich nach ihr rangierten die anderen nordsyrischen Städte Beröa, Apamea, Seleukia, Laodicea. Darüberhinaus mißt er dem Export des Olivenöls in andere Mittelmeerländer große Bedeutung zu. Er sieht in der politischen Situation Italiens, Afrikas, Griechenlands den Grund dafür, daß dort, beginnend mit dem 5. Jh., nicht nur wie seit längerem schon syrischer Wein, sondern auch Olivenöl importiert wurde. An dritter Stelle nennt er den innersyrischen Handel, bei dem seiner Ansicht nach – neben den schon genannten Schwerpunkten landwirtschaftlicher Produktion in den einzelnen Regionen – vor allem der große Anstieg der Bevölkerung in allen ländlichen Bereichen Syriens ein entscheidender Faktor war.

Der Niedergang begann nach Georges Tchalenko im ersten Viertel des 7. Jhs.,

Abb. 148 Bāqirḥā, Haupttür der Südfassade, die mit dem schweren Wulstprofil sowie der reichen, Seitengewände und Sturz miteinander verbindenden Ornamentik in der Tradition der südlichen Haupttür der Basilika von Qalblōze steht.

Abb. 149 El Bāra, Transeptkirche, korinthisches Kapitell mit um den Kapitellkörper herumführenden Arkaden, eine Neuschöpfung des 6. Jhs.

Abb. 150 Ruweiḥa, Weitarkadenbasilika und Mausoleum des Bizzos, Ansicht der noch stehenden Teile der Südfassade und Blick auf die Weitarkaden des Innenraumes.

«in den 14 Jahren persischer Besetzung, die den ganzen Export Richtung Westen lahmlegten». Er sieht also in der Tatsache, daß der Zugang zum Mittelmeer gesperrt und so der Export in andere Länder unmöglich geworden war, einen Grund für die Verarmung der Orte, in dem Fehlen der Absatzmöglichkeiten aufgrund der schlechten Situation in den syrischen Städten einen weiteren. Darüberhinaus nennt er als Ursachen die veränderte Situation der Märkte in arabischer Zeit und als einen wichtigen Nebenfaktor die Tatsache, daß in dieser Zeit Öl als Brennstoff für Lampen und Leuchter durch Wachs ersetzt wurde.

Kernpunkt der ganzen Argumentationskette Tchalenkos ist seine Annahme, daß die Produktion von Olivenöl im Kalksteinmassiv weitgehend auf den Export von Öl und Import täglicher Gebrauchsgüter ausgerichtet und folglich in hohem Maße abhängig von Friedenszeiten und ungestörten Transportwegen war.

Die ersten Bedenken gegen die Theorie der ganz auf Export angelegten Ölproduktion wurden von Olivier Callot nach seiner Untersuchung der Ölpressen vorgebracht, – nur ein Teil von ihnen ist für die industrielle Produktion geeeignet –, und er wies als erster darauf hin, daß die Zahl der Viehtröge in einzelnen Regionen sehr dafür spricht, daß der Viehhaltung, und das heißt, auch der Eigenversorgung, generell größere Bedeutung zukam. Die Ausgrabungen von Dēḥes und die Untersuchungen von Georges Tate haben weitere wichtige Anhaltspunkte für eine differenzierte, Eigenversorgung und Verkauf miteinander verbindende Landwirtschaft ergeben.

In keiner der jüngeren Arbeiten wird die überragende Bedeutung der Ölbaumkultur in Frage gestellt, die Diskussion betrifft immer die Relation zwischen der Ölbaumkultur und dem Anbau von Wein, Getreide, Gemüse und Viehfutter, die von Region zu Region und auch innerhalb der Regionen verschieden war. Untersuchungen, die im Gang sind, werden in der Frage, in welchem Maße in den einzelnen Orten für die Eigenversorgung erarbeitet wurde und wieviel als Überschuß in die nahegelegenen Städte exportiert werden konnte, weiterführen.

Für unseren Zusammenhang ist wichtig, daß durch die berechtigten Zweifeln an einer rigorosen Monokultur und vor allem an einem über die Grenzen Syriens hinausführenden Export die Frage nach den Gründen für den Exodus neu zu stellen ist.

Alles, was wir im Vorangehenden an sicheren Aussagen zum archäologischen Befund der Orte zusammentragen konnten – das starke demographische Wachstum der Orte vom 4.–6. Jh., der offensichtliche Wohlstand ihrer Einwohner, die enorme Steigerung des Bau- und Werkstattsbetriebs –, verwies auf Überschuß in der landwirtschaftlichen Produktion und folglich intensiven Handel mit den Städten. Den Kontakt zwischen Stadt und Land im Baubetrieb, ohne den sich das breite Spektrum an Bau- und Dekorationsformen gar nicht hätte entwickeln können, konnten wir für den ganzen Zeitraum des 4.–6. Jhs. nachweisen.

Mit den Katastrophen des 6. Jhs. hatten sich die Einwohnerzahl und die wirtschaftliche Lage in den Städten so tiefgreifend verändert, daß kaum vorstellbar ist, daß diese Situation die Orte des Bergmassivs unberührt ließ. Wenn auch die kriegerischen Ereignisse nicht direkt auf die Berggegend übergriffen, die Folgen derselben haben es sehr wahrscheinlich getroffen. Selbst wenn das Kalksteinmassiv von keiner der für das 6. Jh. überlieferten Naturkatastrophen – Heuschreckenplage, starke Klimaschwankungen, Rinderpest – berührt wurde, was ebenfalls unwahrscheinlich ist, so hatte sich zumindest die Lage auf den städtischen Absatzmärkten verschlechtert.

Der Rückgang der Bautätigkeit in der zweiten Hälfte des 6. Jhs. und der auffallende Verfall der Werkstattstradition in einzelnen Regionen gegen Ende des 6. Jhs. sprechen dafür, sie in einem Zusammenhang mit den Veränderungen im städtischen Bereich und wohl auch Mißernten in der Landwirtschaft zu sehen.

Die arabische Eroberung im 7. Jh. führte nicht zur Zerstörung der Orte. Nehmen wir einmal an, ein großer Teil der Olivenhaine wurde im frühen 7. Jh. durch Frost zerstört, durch die Ereignisse im 7. Jh. war der Kontakt zu den Absatzmärkten in den Städten für Jahrzehnte stark eingeschränkt und mit der Verarmung in vielen Orten war ihre Einwohnerzahl deutlich geschrumpft: Warum sollte es in arabischer Zeit keine Möglichkeit gegeben haben, unter ärmlicheren Verhältnissen und mit niedriger Einwohnerzahl die Besiedlung der Orte fortzusetzen und – der heutigen Situation im Kalksteinmassiv vergleichbar – langsam wieder eine Ölbaumkultur aufzubauen?

Die Frage stellt sich zum Beispiel in der südlichen Region, in der neben Olivenbäumen der intensive Anbau von Wein, Getreide und Obstbäumen zu rekonstruieren ist. Quellen arabischer Zeit berichten von dem Reichtum der Obstbaumkulturen in der Region von Ma'āret en Nom'ān, die in unmittelbarer Nachbarschaft von Ruweiḥa und Ǧerāde liegt – Orten des Ǧebel Zāwiye, die im Laufe des 7. und 8. Jhs. n. Chr. verlassen und bis in unsere Zeit hinein nicht nachbesiedelt wurden. Schwer vorstellbar, daß es nicht nur für die Produkte der Obstbaumkulturen des Ǧebel Zāwiye, sondern auch für seine Oliven in arabischer Zeit keine Absatzmärkte gegeben hätte.

Vielleicht ist die Erklärung außerhalb des Bergmassivs zu suchen, und vielleicht ist es nicht ganz abwegig, Parallelen zu der Entvölkerung ländlicher Bereiche in unserem Jahrhundert zu

150

sehen. Der Bevölkerungsrückgang in den großen syrischen Ebenen infolge der kriegerischen Ereignisse des 6./7. Jhs. hatte dort vielleicht Ackerland freigemacht, das leichtere Lebensbedingungen bot. Es könnte also der umgekehrte Prozeß eingesetzt haben: War es in den langen Friedenszeiten die Bevölkerungsdichte der Ebenen, die die Besiedlung des Kalksteinmassivs förderte, so könnte es im 8. Jh. der dortige Bevölkerungsrückgang gewesen sein, der jüngere Generationen bewog, die Orte des Bergmassivs zu verlassen. Hier sind die Ergebnisse weiterer Untersuchungen abzuwarten.

Zusammenfassung

Die geographisch einmalige Situation des Kalksteinmassivs im unmittelbaren Einflußbereich einer ganzen Reihe bedeutender Städte hellenistisch-römischer Tradition (Abb. 1) und die langen Friedenszeiten in römischer wie spätantik-frühbyzantinischer Zeit sind an erster Stelle zu nennen, wenn wir nach den Gründen für die intensive Kultivierung dieser Berggegend ohne Wasser, ihre erstaunliche Siedlungsdichte und den offensichtlichen Wohlstand ihrer Bewohner fragen.

Die intensive Kultivierung des Bergmassivs – wohl schon in römischer Zeit durch staatliche Gesetzgebung zur Urbarmachung unkultivierten Landes gefördert –, begann im 1. Jh. n. Chr. und wurde unterstützt durch die demographische Entwicklung in den großen nordsyrischen Ebenen. Das Kalksteinmassiv bot ideale Bedingungen für die Ölbaumkultur und diese war im 1.–3. wie im 4.–7. Jh. n. Chr. von zentraler Bedeutung. Zu ihr kamen jedoch erweiternd, je nach den Möglichkeiten, die die einzelnen Regionen boten, andere landwirtschaftliche Kulturen sowie die Viehzucht.

Während sich mit der Aussage der Bauten und Beobachtungen zu der Verteilung und Aufteilung der landwirtschaftlich nutzbaren Flächen in den einzelnen Regionen das Wachstum der Orte wie generell die demographische Entwicklung rekonstruieren lassen, sind Fragen zur sozialen und rechtlichen Lage der Bauern schwieriger zu beantworten. Dennoch kamen ältere wie jüngere Untersuchungen übereinstimmend zu dem Ergebnis, daß es sich bei den meisten Orten des Kalksteinmassivs um freie Kommunen handelte und daß Domänen die absolute Ausnahme waren. D. h., viel spricht dafür, daß es neben ehemaligen Beamten und Militärs, zu denen im 4.–7. Jh. n. Chr. Angehörige des Klerus kamen, eine große Anzahl von Bauern gab, die zumindest einen Teil des Landes, das sie bearbeiteten, auch besaßen.

Die große Anzahl der Zisternen und Ölpressen (Abb. 31–33), die zahlreich erhaltenen Haus-, Grab und Kirchenbauten sowie die immer stärkere Parzellierung der landwirtschaftlich nutzbaren Terrains geben Auskunft über das Wachstum der Orte.

Mit ihrer Aussage läßt sich rekonstruieren, daß in allen Regionen über die Eigenversorgung hinaus Überschuß erwirtschaftet wurde und d. h., daß in die großen Städte exportiert werden konnte. Nur mit diesem durch Export erarbeiteten Kapital ist die enorme Steigerung der Bautätigkeit seit der zweiten Hälfte des 4. Jhs., die Bereicherung der Profan- wie Sakralbauten durch zunehmend aufwendige Dekorationsformen und der Aufbau eines umfangreichen professionell arbeitenden Werkstattsbetriebs in allen Bereichen des Kalksteinmassivs zu erkären.

Während sich die für den Kontakt zwischen ländlichem und städtischem Bereich so wichtigen Handelsbeziehungen indirekt nachweisen lassen, ist der Austausch zwischen Stadt und Land im Baubetrieb direkt greifbar. Schon in römischer Zeit und dann gesteigert seit der zweiten Hälfte des 4. Jhs. wurden städtische Werkgruppen für Bauten im Bergmassiv hinzugezogen.

Es ist faszinierend zu beobachten, wie sich mit der Einführung neu aufgekommener Bauformen, der Tätigkeit städtischer Architekten im Bergmassiv und der Zusammenarbeit städtischer mit lokalen Werkleuten die Situation in den einzelnen Regionen veränderte. Ohne die Vorgänge in Brād, Qalblōze, El Bāra und Qal'at Sim'ān hätte sich der hohe Standard der Produktion einzelner Werkgruppen und das breit aufgefächerte und differenzierte Gesamtbild der Bau- und Dekorationsformen nicht entwickeln können. Die professionell arbeitenden Werkgruppen waren zudem ein eminent wichtiger wirtschaftlicher Faktor:

Die besonderen Lebensbedingungen im Kalksteinmassiv, die bei der Anlage von Ölpressen und Zisternen den ständigen Umgang mit dem lokalen Kalkstein forderten und zumindest in den Regionen, die schwerpunktmäßig die Ölbaumkultur betrieben, einen großen Teil des Jahres für Steinmetzarbeiten frei ließen, schufen die Voraussetzungen für einen Werkstattsbetrieb, der Hunderten der Bewohner eine Existenzbasis gab.

151

Abb. 151 El Bāra, Grabbau des 6. Jhs. mit pyramidaler Eindeckung in der Peripherie des Ortes.

Abb. 152 Muğleyya, oktogonaler Bau des 6. Jhs.

In diesem großen Rahmen, der sich mit der Rekonstruktion der landwirtschaftlichen Kulturen und des Werkstattsbetriebes abstecken läßt, sind Feinbestimmungen und d. h., detaillierte Analysen zu den Unterschieden zwischen den einzelnen Orten sowie den einzelnen Regionen bis jetzt nur begrenzt durchzuführen.

Regionale Eigenentwicklungen sind unübersehbar, und ohne ihre Kenntnis kann die Chronologie der Bauten und mit ihr das Wachstum der Orte nicht rekonstruiert werden. So ließ sich zum Beispiel zeigen, daß sich in den zentralen Bereichen des Ǧebel Bārīšā und il A'la der höchste Standard professionell arbeitender Werkgruppen herausbildete (Abb. 140–142, 145, 146–148), der im Laufe des 5. und in der ersten Hälfte des 6. Jhs. die Bauten dieser Gegend sowohl gegen die nördlichen Regionen wie gegen die südliche Region abgrenzt. Die Ursachen führen bis in die römische Zeit zurück und zweifellos hat die unmittelbare Nähe Antiochias zu allen Zeiten eine Rolle gespielt. In welchem Maße jedoch die in dieser Gegend schwerpunktmäßig betriebene Ölbaumkultur mitbestimmend war und was es bedeutete, daß der gesamte Ǧebel il A'la und der Südteil des Ǧebel Bārīšā nicht in das römische Katastersystem einbezogen wurden, ist nach dem jetzigen Forschungsstand nicht befriedigend zu beantworten.

Die große Bedeutung der städtischen Absatzmärkte wie die generell intensiven Beziehungen zum städtischen Bereich waren die Hauptursache für die schon im fortgeschrittenen 6. Jh. zu beobachtende rückläufige Entwicklung. Von den kriegerischen Ereignissen dieses Jahrhunderts blieb das Bergmassiv weitgehend verschont, doch die katastrophalen Zustände in den nordsyrischen Städten leiteten auch dort tiefgreifende Veränderungen ein. Die arabische Eroberung Syriens im 7. Jh. führte nicht zur Zerstörung der Orte, doch wurde der größte Teil von ihnen im Laufe des 7. und 8. Jhs. n. Chr. verlassen. Über die Ursachen für diesen sich über Generationen hinziehenden Exodus können wir bis jetzt nur Vermutungen anstellen, – zukünftige Untersuchungen werden in dieser Frage sicher weiterführen.

152

Abschließend ist festzuhalten: Wenn im Vorangehenden des öfteren Fragen offen blieben oder nur unzureichend beantwortet werden konnten, so liegt dies – so paradox es klingen mag – vor allem an dem außergewöhnlich guten Erhaltungszustand der Bauten. Ich wies darauf hin, daß erst ein Ort durch Ausgrabung detailliert untersucht wurde, von den zahlreichen Kirchenkomplexen bis jetzt keiner vollständig freigelegt wurde und so umfangreiche Komplexe wie die Kloster- und Grabbauten noch auf ihre Bearbeitung warten. Die Generaldirektion des Syrischen Antikendienstes setzt sich nach Kräften für die Erhaltung des umfangreichen Denkmälerbestandes ein. Doch mit der intensiven Neubesiedlung des nordsyrischen Kalksteinmassivs und vor allem dem Bau von Asphaltstraßen selbst zu den entlegendsten Ruinenstätten ist der Bestand der antiken Orte zunehmend gefährdet. So bleibt nur die Hoffnung, daß in den kommenden Jahrzehnten die archäologischen Arbeiten intensiviert und die internationale Zusammenarbeit gefördert wird.

Anhang

Literatur, Abbildungsnachweis und Verzeichnis der erwähnten Orte

Literatur

Architektur, Geographie, Topographie, Ökonomie

Monographien

MELCHIOR DE VOGÜÉ, *Syrie Centrale, Architecture civile et religieuse du Ier au VIIème siècle,* I–II (Paris 1865–1877).

Syria. Publications of the Princeton University Archaeological Expeditions to Syria in 1904–5 and 1909 (Leiden 1907–1949): I.: H. C. BUTLER, F. A. NORRIS, E. R. STROEVER, *Geography and Itinerary* (1930); II.B: H. C. BUTLER, *Architecture, Section B, Northern Syria* (1922); III.B: W. K. PRENTICE, *Greek and Latin Inscriptions, Section B, Northern Syria* (1922) IV.B: E. LITTMANN, *Semitic Inscriptions, Section b: Syriac Inscriptions* (1934); E. LITTMANN, *Semitic Inscriptions, Section b, Arabic Inscriptions* (1949) IV.D.

R. DUSSAUD, *Topographie historique de la Syrie antique et mediévale* (Paris 1927).

H. C. BUTLER, *Early Churches in Syria* (Princeton 1929).

L. JALABERT / R. MOUTERDE, *Inscriptions grecques et latines de la Syrie* I–III (Paris 1929–1950).

D. KRENCKER, *Die Wallfahrtskirche des Simeon Stylites in Kalat Siman* (Berlin 1939).

J. MATTERN, *À travers les villes mortes de Haute Syrie* (Beyrouth 1944).

J. LASSUS, *Sanctuaires chrétiens en Syrie* (Paris 1947).

G. TCHALENKO, *Villages antiques de la Syrie du Nord* I–III (Paris 1953–1958).

P. GROSSMANN, *S. Michele in Africisco in Ravenna* (Mainz 1979).

G. TCHALENKO, *Églises syriennes à Bêma.* I Texte (1990). II Planches (1979). III Album (1980).

P. et M. T. CANIVET, *Ḥūarte, Sanctuaire chrétien d'Apamène* I–II (Paris 1987).

G. TATE, *Les campagnes de la Syrie du Nord du IIème au VIIème siècle. Un exemple d'expansion démographique et économique à la fin de l'Antiquité* I (Paris 1992).

Ch. STRUBE, *Baudekoration im nordsyrischen Kalksteinmassiv* I, in: *DaF* V (Mainz 1993).

Aufsätze

G. TCHALENKO, *Travaux en cours dans la Syrie du Nord* I.: *Le sanctuaire de Šeiḫ Barakat,* in: *Syria* 50 (1973) 115 ff.

J. LASSUS, *Églises d'Apamène,* in: *BEO* 25 (1972) 5 ff.

CH. STRUBE, *Die Formgebung der Apsisdekoration in Qalblōze und Qal'at Sim'ān,* in: *JbAChr* 20 (1977) 181 ff.

CH. STRUBE, *Tempel und Kirche in Me'ez,* in: *IstMitt* 29 (1979) 355 ff.

CH. STRUBE, *Die Kapitelle von Qasr ibn Wardan,* in: *JbAChr* 26 (1983) 59 ff.

J. L. BISCOP / J. P. SODINI, *Qal'at Sem'ān et les chevets à colonnes de Syrie du Nord,* in: *Syria* 61 (1984) 268 ff.

CH. STRUBE, *Hauskirche und einschiffige Kirche in Syrien* in: *Studien zur spätantiken und byzantinischen Kunst* Teil I, *Festschrift* F. W. DEICHMANN, in: *Monographien* RGZM Mainz X (Mainz 1986).

J. P. SODINI / G. TATE, *Maisons d'époque romaine et byzantine (II–VI siècle) du Massif calcaire de Syrie du Nord,* in: *Fouilles d'Apamée en Syrie,* Miscell. 13 (1984) 377 ff.

J. P. SODINI, *Les églises de Syrie du Nord,* in: *Archéologie et histoire de la Syrie,* hrsg. von J.-M. DENTZER / W. ORTHMANN II (1989) 147 ff.

B. BRENK, *Frühes Mönchtum in Syrien aus archäologischer Sicht,* in: E. RUPRECHTSBERGER, *Syrien – von den Aposteln zu den Kalifen* (Mainz 1993).

Antiochia, Apamea, Beroea (Aleppo), Cyrrhus

Antioch on the Orontes I–V = *Antioch on the Orontes. Publications of the Committee for the Excavation of Antioch and its vicinity* (Princeton 1934–1972).

J. SAUVAGET, *Alep. Essai sur le développement d'une grande ville syrienne dès origines au milieu du XIXe siècle* (Paris 1941).

E. FRÉZOULS, *Recherches historiques et archéologiques sur la ville de Cyrrhus,* in: *Annales archéologiques de Syrie* 4/5 (1954) 89 ff.

P. PETIT, *Libanius et la vie municipale à Antioche au IVe siècle après J.-C.* (Paris 1955).

A. J. FESTUGIÈRE, *Antioche païenne et chrétienne* (Paris 1959).

G. DOWNEY, *A history of Antioch in Syria* (Princeton 1961).

Colloques Apamée de Syrie. Bilan des recherches 1965–1968, 1969–1971, 1973–1979 (Brüssel 1969–1979).

J. NAPOLÉONE-LEMAIRE/J. CH. BALTY, *L'église à atrium de la grande colonnade* (Brüssel 1969).

Agrargeschichte und Agrargesetzgebung

P. LEMERLE, *The Agrarian History of Byzantium* (Galway 1979).

J. KARAYANNOPOULOS, *Ein Problem der spätbyzantinischen Agrargeschichte,* in: *JÖB* 30 (1981) 207–237.

F. TINNEFELD, *Die frühbyzantinische Gesellschaft* (München 1977).

L. HARMAND, *Libanius – Discours sur les Pâtrenages, Texte traduit, annoté et commenté* (Paris 1955).

Ölpressen

O. CALLOT, *Huileries antiques de Syrie du Nord* (Paris 1984).

Inventare

J. PEÑA / P. CASTELLANA / R. FERNANDEZ, *Inventaire du Jebel Bariša,* in: *StBiFranc* 30 (1987).

J. PEÑA / P. CASTELLANA / R. FERNANDEZ, *Inventaire du Jebel el A'la,* in: *StBiFranc* 31 (1990).

Ausgrabungsberichte

P. et M. T. CANIVET, *Ḥūarte, Sanctuaire chrétien d'Apamène* I–II (Paris 1987).

J. P. SODINI / G. TATE / B. et S. BAVANT / J. L. BISCOP / D. ORSSAUD, *Déḥès (Syrie du Nord), Campagnes* I–III (1976–1978), *Recherches sur l'habitat rurale,* in: *Syria* 58 (1980) 1 ff.

J. L. BISCOP / J. P. SODINI, *Travaux récents au sanctuaire syrien de Saint-Syméon le stylite,* in: *CRAI* (1983) 335 ff.

Fußbodenmosaiken

J. CH. BALTY / K. CHEHADE / W. VAN RENGEN, *Mosaïques de l'église de Ḫerbet Muqa,* in: *Fouilles d'Apamée de Syrie,* Misc. fasc. 4 (Brüssel 1969).

F. BARATTE, *Mosaïques à thèmes chrétiens et à thèmes profanes,* in: *RevLouvre* 1971, 113 ff.

J. BALTY, *Mosaïques antiques de Syrie* (Brüssel 1977).

J. BALTY, *La mosaïque en Syrie,* in: *Archéologie et histoire de la Syrie,* hrsg. von J.-M. DENTZER / W. ORTHMANN II (1989) 4912 ff.

P. et M. T. CANIVET, *Ḥūarte, Sanctuaire chrétien d'Apamène* I–II (Paris 1987).

P. DONCEEL-VOÛTE, *Les pavements des églises byzantines de Syrie et du Liban,* in: *Publications d'Histoire de l'Art et d'Archéologie de l'Université catholique de Louvain* LXIX (Louvain-la-Neuve 1988).

Liturgie und Kirchengeschichte

J. LASSUS, *Sanctuaires chrétiens de Syrie* (Paris 1947).

P. CANIVET, *Le Christianisme en Syrie dès origines à l'avènement de l'Islam,* in: *Archéologie et histoire de la Syrie,* hrsg. von J.-M. DENTZER / W. ORTHMANN II (1989) 117 ff. (mit ausführlichem Verzeichnis der älteren kirchenhistorischen Literatur).

R. F. TAFT, *Some notes on the Bema in the East and West Syrian Traditions,* in: *Orientalia Christiana Periodica* 34 (1968) 326 ff.

R. F. TAFT, *The great entrance. A History of the transfer of the gifts and other pre-anaphoral rites of the liturgy of ST. J. CHRYSOSTOME,* in: *Orientalia Christiana Anal.* 200 (1975).

VAN DE PAVERD, *Zur Geschichte der Meßliturgie in Antiochia und Konstantinopel gegen Ende des 4. Jhs.,* in: *Orientalia Christiana Anal.* 187 (Rom 1970).

P. BROWN, *The Cult of the Saints* (Chicago 1981).

DERS., *The Body and Society* (New York 1988).

P. DONCEEL-VOÛTE, *Les pavements des églises byzantines de Syrie et du Liban. Décor, archéologie et liturgie* (Louvain-la-Neuve 1988).

Stylitenkult und Stylitendarstellungen

H. DELEHAYE, *Les Saints Stylites* (Brüssel/Paris 1923).

I. PEÑA / P. CASTELLANA / R. FERNANDEZ, *Les stylites syriens,* in: *StBiFranc* 16 (1975).

J. LAFONTAINE-DOSOGNE, *Itinéraires archéologiques dans la région d'Antioche. Recherche sur le monastère et sur l'iconographie de Saint-Syméon Stylite le Jeune* (Brüssel 1967).

Abbildungsnachweis

Abb. 1. 6. 7. 17. 59. 78: G. Tchalenko, Villages antiques de la Syrie du Nord Bd. II (1953) Taf. XXXIX. XXV. XC. XVIII,1–3. CCXI. XII. Abb. 2–5. 8. 9. 11. 12. 14. 15. 16. 18. 19. 21. 22. 24. 25. 27–32. 34–39. 41. 43 56. 58. 60. 61. 63. 64. 66. 67–71. 73–77. 79–86. 88–93. 103. 105–108. 110. 111. 113–116. 119–126. 128–152. – Photos der Verf. Abb. 33a: Tchalenko a. O. Bd. I 368. Abb. 101: Tchalenko a. O. Bd. III 62, Abb. 25. 26. Abb. 42: G. Tchalenko, Travaux en cours dans la Syrie du Nord 1. Le sanctuaire du Šeiḫ Barakat, Syria 50, 1973, Abb. 7 Nr. 105. Abb. 57: Photo G. Tchalenko Abb. 62. 65. 72. 104. 109: G. Tchalenko, Églises syriennes à bêma Bd. II, Tafelband (1979) Abb. 10. 288. 407. 422. 455. Abb. 10. 13. 87. 117. 127: M. de Vogüé, La Syrie centrale, Tafelband (1965) Taf. 38. 132. 145. 110. Abb. 87: de Vogüé, Textband 98 Abb. 36. Abb. 23. 33 b: O. Callot, Huileries antiques de Syrie du Nord (1984) Taf. 123. 132 b. Abb. 20. 26. 40: H. C. Butler, PAES IIB

Taf. 4. 6. Abb. 218. Abb. 94: P. Donceel-Voûte, Les pavements des églises byzantines de Syrie et du Liban (1988) II Taf. 12. Abb. 95. 96. 98. 100: Photos Janine Balty. Abb. 97. 99: P. et M. T. Canivet, Hūarte, Sanctuaire chrétien d'Apamène Bd. II (1987) Abb. 63. 67. Abb. 102: Peña – Castellana – Fernandez, Les stylites syriens (1975) 186 Abb. 34. 35. Abb. 118: J. L. Biscop/J. P. Sodini, Travaux récents au sanctuaire syrien de Saint-Syméon le stylite, Qal'at Sem'ān, CRAI 1983, Abb. 37.

Ich danke Janine Balty für die Möglichkeit, ihre Fotos von Mosaiken hier abzubilden.

Verzeichnis der erwähnten Orte mit Angaben zur Aussprache

ā, ō, ū, ī = lange Vokale: Beneebil, Qal'at Sim'aan (Benēbil, Qal'at Sim'ān)

ğ = wie dsch: Dscherade, Serdschible (Ğerāde, Serğible)

ḥ = scharfes, im Hals angerauhtes h wie ch: Ruweicha (Ruweiḥa)

ḫ = weicheres, angehauchtes h (Sinḫār)

š = wie sch: Deir Mischmisch (Deir Mišmiš)

ṣ = scharfes s: El Chossn (El Ḥoṣn)

ż = ist dem s nahe und wird weich gesprochen: Qirbise (Qirqbīze)

Bābisqā
Bāfetīn
Bankūsa
Bāmuqqa
Bānaqfūr
Bāqirḥā
Bārīšā
Bāṣūfān
Bātutā
Bā'ūdā
Beḥyo
Benēbil
Berriš
Bettir
Brād
Breiğ
Burdaqli
Burğ Baqirḥā
Burğ Ḫeidar

Dallōza
Dānā
Dar Qitā
Dart'Azze
Dēḥes
Deir Mišmiš
Deir Sambul
Deir Sim'ān

El Bāra

Fafertīn
Frikya

Ğerāde
Ğuwānīye

Ḫarab Šams
Ḫerbet Ḥaṣan
Ḫerbet el Ḫatīb
Ḫerbet Mūga
Ḥūarte

Išrūq

Kafr Nābo
Kalōta
Kaukanāyā
Kefr Kīlā
Kfellusīn
Kseiğbe

Ma'aret en Nom'ān
Me'ez
Muğleyya

Qal'at Kalōta
Qal'at Sim'ān
Qalblōze
Qaṣr el Banāt
Qātūra
Qaussiye
Qirqbīze
Qonbos

Rayān
Refāde
Resāfa
Ruweiḥa

Sarfūd
Šeiḫ Barakāt
Šeiḫ Sleimān
Šelf
Serğible
Serğilla
Sermadā
Sinḫār
Šinšaraḥ

Taqle
Tell'Āde
Turmanīn